Alles Unsinn

Alles

Gesammelt und
herausgegeben
von Heinz Seydel

Eulenspiegel
Verlag

Unsinn

Deutsche
Ulk- und
Scherzdichtung
von ehedem
bis momentan

ISBN 3-359-00172-9

Daseins
berechtigungs
nachweis

...Hat aber einer die Geistesmacht,
die scharf durchschaut und doch heiter lacht,
bleibt er fest und verzweifelt nie,
hat er mehr als Witz, hat er Phantasie,
versteht er über sich selbst zu schweben,
sich selber dem Lachen preiszugeben:
Dem sei es gegönnt von ganzem Herzen,
auch einmal einfach närrisch zu scherzen,
ohne versteckte Gedankentiefen
seine Freude zu haben am Naiven.

Friedrich Theodor Vischer

Es wachsen allerhand krause Sachen
zwischen dem, was da nützt und schmückt.
Wenn sie Ernsthafte lächeln machen,
ist, was sie wollen, schon geglückt.

Johannes Trojan

Je mehr ein Mensch des ganzen Ernstes fähig ist, desto herzlicher kann er lachen.

Arthur Schopenhauer

Stunden, wo der Unsinn waltet,
sind so selten, stört sie nie!
Schöner Unsinn, glaubt mir, Kinder,
er gehört zur Poesie.

Unbekannter Verfasser (um 1860)

Der Scherz will frei in die Luft hineinranken, wenn er bunte Blüten treiben soll; wer ihn ängstlich an Latten und Pfähle bindet, dem verkümmert er unter den Händen.

Emanuel Geibel

Verkrampftes Herz muß Mut zum Unsinn hegen,
solch Tun schafft überall und weithin Segen.
Wenn Tiefsinn sich und Blödsinn einen,
dann eben kehrt zurück in seinen
Urzustand heim das reine Sein
und legt an Sinn das Seine 'rein.

W. Hartnacke

Ein Wort hat ein Gesicht und unterm Kleid ein Herz,
oft ist es tief gefühlt, und außen ist es Scherz.

Karl Schimper

Wenn ich den Scherz will ernsthaft nehmen,
so soll mich niemand drum beschämen.
Und wenn ich den Ernst will scherzhaft treiben,
so werd ich immer derselbe bleiben.

Johann Wolfgang Goethe

Ganz Ohr, ganz Auge ist ein jeder:
Die Prominenz spricht vom Katheder –
und kaum der Hundertste entdeckt,
daß ein Hanswurst dahintersteckt.

Erich Mühsam

Ohne ein gewisses Quantum von Mumpitz geht es nicht.

Theodor Fontane

Ohne Ei gibt's keine Henne,
ohne Henne gibt's kein Ei.
Ist das Ei ein Kind der Henne
oder Henne Kind vom Ei?
War im Anfang erst die Henne,
oder war zuerst das Ei?
Deutscher Philosoph, o trenne
dich von deiner Träumerei:
Werde endlich frisch, froh, frei!
Friß das Ei und friß die Henne!

Dr. Buder (um 1850)

Ein Reis vom Narrenbaum
trägt jeder an sich bei,
der eine deckt es zu,
der andre trägt es frei.

Friedrich Bodenstedt

Dem wäre nichts mehr hinzuzufügen.

Der Herausgeber

Limericks

Da war mal ein Mann aus Peru,
der träumte, er fräß seine Schuh.
  Voll Schrecken erwacht,
  fuhr er hoch in der Nacht
und stellt fest: es traf buchstäblich zu.

·

Da war mal 'ne Dame aus Riga,
die macht' einen Ritt auf 'nem Tiga.
  Von dem Ritte zurück,
  grinst der Tiger vor Glück –
und die Dame stak drin in dem Tiga.

·

Ein Knab' in der Stadt Tehuantepec,
der lief auf der Bahn seiner Tante weg.
  Sie lief hinterher,
  denn sie liebte ihn sehr,
und außerdem trug er ihr Handgepäck.

·

Eine Frau mit 'ner langen Nase
sprach bekümmert zu ihrer Base:
„Das Gesicht dieser Rübe
stimmt mich wirklich ganz trübe."
Seitdem trägt ihr die Base die Nase.

·

Stets trug nur ein Tuch statt des Wamses,
auch bei Regen, der selige Ramses.
Er erkältet' sich sehr
und verlor sein Gehör,
da sagte sein Arzt: „Na, da hamses!"

·

Einst sagte ein Mann mit 'nem Bart:
„Der Kauz hat sich wieder gepaart.
Manch ein Spatz kam geflogen
und ein Huhn zugezogen –
und all das in meinem Bart!"

·

Sehr stolz war 'ne Kleine aus Peine
auf ihre entzückenden Beine.
Sie holt einen Paß,
drin steht – sie wird blaß:
Besondere Merkmale – keine.

Unbekannte Verfasser

Es fiel mal ein Säugling aus Wanne
in eine enghalsige Kanne.
Mit geschwollnem Gesäß
steckt er fest im Gefäß.
Drin reift er nun langsam zum Manne.

Fritz Katz

Frau Gertrud verreist nach Italien
wegen Heilwässern und Mineralien.
  Das Geld ging ihr aus,
  der Wirt warf sie 'raus.
Drum zahlt sie in Naturalien.

Walter Meckauer

Es gab einen Lehrer in Lehrte,
der lehrte genau das Verkehrte
  (daß Morpheus zum Beispiel
  Expert im Schalmeispiel),
womit er die Denkkraft vermehrte.

.

Es gab einen Tierfreund in Bebra,
der hielt sich im Keller ein Zebra,
  woselbst er verblich;
  zumindest für mich,
denn es gibt keinen Reim mehr auf -ebra.

.

Es war ein Herr Dobler in Wien,
der hob die Verkehrsdisziplin:
  Vor dem rasendsten Buick
  ging er extra ruhig.
Es *war* ein Herr Dobler in Wien.

.

Ein Denker verdiente sein Brot
mit der These, das Leben sei Tod.
  Ein andrer lehrt eben,
  der Tod wäre Leben.
Auch der lebt nicht gerade in Not.

Ein Raumforscher flog durch die Sterne,
dem Sternbild Orion nicht ferne.
Sein technischer Maat
saß am Bildapparat
und verfolgte das Endspiel in Herne.

Ernst Fabian

Ein Kerl aus der Unterwelt von Lausanne,
der beschimpfte vier Polizisten in Cannes.
Die flohen – nanu? –
mit des Kerls rechtem Schuh.
Der Kerl schimpfte sehr, denn er hatte ihn an!

Der Zugschaffner Jaroslav Hriß in Prag,
der wurde getroffen vom Blitz bei Tag.
Der Blitz schlug Herrn Hriß
ziemlich stark ins Gebiß.
Nur gut, daß es auf dem Vertiko lag!

Ein Herr aus der Gegend von Klinkenförd,
der schoß jüngst das Tor beim Punktspiel in Wörth.
Es kam dieses Tor
vielen merkwürdig vor,
denn der Herr hat zu keiner Mannschaft gehört.

Johannes Conrad

Es war mal ein Dorf an der Iller,
da spielte man „Jack the Killer".
Das ließ die Jugend nicht ruhn,
dem Jack es gleichzutun.
Jetzt ist es im Dorf schon viel stiller.

Hans-Joachim Riegenring

Es lag einst ein Pärchen in Belgrad
verliebt im Hotel auf dem Fell grad.
Vis à vis war ein Faun,
um ins Zimmer zu schaun,
denn um sieben, da wurde es hell grad.

Theo Riegler

Es war 'ne Maschine, die nähte,
doch brauchte man eine, die mähte.
Da hat einer probiert
und sie umkonstruiert.
Doch etwas blieb falsch dran: sie säte!

Inge Giessner

Es war mal ein Fußball der Liga,
das war ein verflixt müder Kriega;
er fand nie das Tor,
und da rief der Chor:
„Wir sehn uns als Kreisklasse wieda!"

Ludwig Näfelt

Ein Dichterlein, frisch von der Pfanne,
fühlt sich nahe manch namhaftem Manne.
Wer ihn kennt, weiß, er böte,
wenn er könnte, selbst Goethe
'ne Karo an. Dröhnend: „Na, Hanne?"

In Schwarzenberg wäscht der Herr Schwandt
recht selten Hals, Füße und Hand.
Er riecht nicht sympathisch,
doch schrubbt er fanatisch
sein herzliebstes Kind, den TRABANT.

Es trug einmal eine Nymphe
auch im Sommer gestrickte Strymphe.
Sie klagte: „Mein Gatte
verpackt mich in Watte.
Ohne Strymphe kriege ich Schymphe!"

·

Ein Spanier namens Rodriguez,
der kaufte ein Pferd und bestiguez.
Doch war dieser Gaul
selbst zum Fressen zu faul.
Der Pferdehändler verschwiguez.

Hilde Arnold

Da gab's einen Alten in Gibraltar,
der badete nur jedes Schaltjahr;
das letzte Bad zwar,
das verschob er fünf Jahr,
weil das Schaltjahr in Gibraltar so kalt war.

·

Da gab es in Schilda die Irmhild,
die will da vom Doktor ein Schirmbild;
der Arzt und fünf Schwestern,
die schafften bis gestern,
weil die Irmhild doch stets aus dem Schirm quillt.

·

Da gibt's einen Herrn, welcher dichtet,
dem ist die Literatur sehr verpflichtet,
weil er jegliches Wort,
das er dichtet, sofort
und alsbald es gedichtet, vernichtet.

César Keiser

Klapphornverse

Zwei Knaben gingen durch das Korn,
der andre blies das Klappenhorn.
Zwar konnt' er's noch nicht ordentlich blasen,
doch blies er es schon einigermaßen.

Zwei Knaben gingen durch das Korn,
der zweite hat seinen Hut verlor'n.
Der erste würd' ihn finden,
ging er statt vorne hinten.

Zwei Knaben gingen durch das Korn,
der andre hinten, der eine vorn,
doch keiner in der Mitte:
Man sieht – es fehlt der dritte.

Zwei Knaben gingen durch das Korn,
sie waren beide Feger des Schorn.

Der eine konnte gar nicht fegen,
der andre fog brillant dagegen.

Zwei Knaben gingen durch das Korn,
dem einen war die Nas' erfror'n.
Wie kam denn das im Sommer?
Das war ja grad der Kommer!

Zwei Knaben gingen an den Strand,
der andre eine Muschel fand.
Der eene, der fand keene:
das macht zusammen eene.

Zwei Knaben machten sich den Jokus
und tranken Most im Keller.
Da mußten beide auf den Lokus,
jedoch der Most war schneller.

Zwei Knaben gaben sich 'nen Kuß,
der eine, der hieß Julius,
der andre, der hieß Gretchen,
ich glaub', das war ein Mädchen.

Zwei Knaben gingen einst am Nil,
den ersten fraß ein Krokodil;
als es den zweiten angeguckt,
hat es den ersten ausgespuckt.

Zwei Knaben saßen auf einer Bank
verdutzt als wie zwei Frösche.
Der eine, der war liebeskrank,
der andere hieß Lösche.

Zwei Knaben gingen auf den Bummel
und fanden einen Zigarrenstummel,
den rauchten beide gravitätisch,
das übrige ist unästhetisch.

Zwei Knaben lagen in dem Bette,
sie schnarchten beide um die Wette,
bis daß das Bette knackte,
da kamen sie aus dem Takte.

Zwei Knaben gingen durch die Nacht,
der eine leis, der andre sacht.
Man konnte sie weder sehen noch hören –
wenn sie's nun gar nicht gewesen wären?

Zwei Damen saßen in einem Coupé,
die eine, die aß Praliné.
Die andre konnte nichts essen:
sie hatt' ihre Zähne vergessen.

Zwei Damen standen vor 'nem Laden,
die eine hatte keine Waden;
ihr blieb nur der Trost, der matte,
daß die andre noch weniger hatte.

Zwei Philosophen gingen – ach! –
spazieren ihrer Nase nach.
Des einen Nas' war schief und krumm,
so gingen sie im Kreis herum.

Zwei Schwalben kamen an mit Macht,
weil eine keinen Sommer macht.
Hoch in der Luft sie kreisten,
sie konnten sich das leisten.

Zwei Nasen ragten aus dem Sumpf,
die eine spitz, die andre stumpf.
Daraus ersieht ein jedes Kind,
daß zweie 'reingefallen sind.

Zwei Damen gehn ins Gotteshaus,
sie sehen fromm und züchtig aus,
und jede denkt: Sieht's neue Kleid
die andre, wird sie gelb vor Neid!

Zwei Mädchen lagen am Waldessaum
und schliefen sanft im Grase.
Die eine hatt' 'nen schönen Traum,
die andre 'ne häßliche Nase.

In Hitz und Staub mit müdem Gang
ziehn ihres Wegs zwei Wanderer.
Einer sitzt froh beim kühlen Trank –
doch dieses ist ein anderer.

Zwei Knaben suchten emsiglich
am Baume nach 'nem Appel.
Sie fanden keinen Appel nich,
der Baum, der war 'ne Pappel.
(Wie gut ist's, daß die beiden Knaben
den Appel nicht gefunden haben.
Das Krabbeln tät kein End' sonst nehmen
nach Äppeln auf den Pappelbeemen.)

Zwei Knaben rieten hin und her;
Wo komm'n die Klapphornverse her?
Da sagt' der andre: „Horch,
die bringt der Klapphorn-Storch!"

Volksmund und unbekannte Verfasser
(um 1870 bis 1890)

Leberreime

Die Leber ist vom Hecht und nicht von einem Rochen;
das Glück gibt manchem Fleisch, dem andern leere Knochen.
Doch beide werden satt, und was noch ärger ist,
ist, der es nicht verdient, daß der das beste frißt.

Georg Greflinger

Die Leber ist vom Hecht und nicht von einem Spatzen;
Geld setzt man auf ein Los, Perücken auf die Glatzen.

·

Die Leber ist vom Hecht und nicht vom Regenpfeifer;
und Wein so gut als Most wird unterm Reife reifer.

·

Die Leber ist vom Hecht und nicht von einer Dohle;
stets sieht im Diamant ein Physiker die Kohle.

·

Die Leber ist vom Hecht und nicht von einer Hummel;
mehr als die Sonne sah gar mancher Kerzenstummel.

•

Die Leber ist vom Hecht und nicht von einer Schlange;
meist ist das Lange nicht auf lange von Belange.

•

Die Leber ist vom Hecht und nicht von einem Spechte;
rechts liegt der linke Daum', dagegen links der rechte.

•

Die Leber ist vom Hecht und nicht von einem Iltis;
und wenn ein guter Mann Hechtleber dir empfiehlt, iß.

•

Die Leber ist vom Hecht und nicht von einem Rind;
das Auge macht verliebt, doch macht die Liebe blind.

•

Die Leber ist vom Hecht, nicht von der Nachtigall;
und Leberreime gab's nicht vor dem Sündenfall.

Karl Schimper

Die Leber ist von einem Hecht und nicht von einer Schleie,
der Fisch will trinken, gebt ihm was, daß er vor Durst nicht
schreie.

•

Die Leber ist von einem Hecht und nicht von einem Störe,
es lebe Lehrer Klingenstein, der Kantor der Kantöre!

Theodor Fontane
beim Besuch in einem Gasthaus im Spreewald

Die Leber ist von einem Hecht und nicht von einem Biber,
dem einen ist sein eigen Weib, dem andern andre lieber.

·

Die Leber ist von einem Hecht und nicht von einem Kibitz,
der Yankee denkt: Üb immer Treu, doch kannst du stehlen –
stibitz!

·

Die Leber ist von einem Hecht und nicht von einem Dachse,
wer Dresden seine Heimat nennt, ist sicherlich ä Sachse.

·

Die Leber ist von einem Hecht und nicht von einem Fuchse,
und wenn dein Weib im Wasser ist, sei mutig dann und duck se!

Unbekannter Verfasser
(um 1900)

Die Leber ist von einem Hecht und nicht von der Hyäne;
wer sein Gebiß im Zahnglas hat, zeigt keinem gern die Zähne.

·

Die Leber ist von einem Hecht und nicht von einem Panther;
mit Hackenschuh'n wirkt eine Frau im Bett noch eleganter.

Theo Riegler

Stumpfsinnverse

Ach wie so brav
ist doch das Schaf
von allen Tieren auf Erden.
Es zeichnet sich aus
jahrein und jahraus
durch Stumpfsinn und heitre Gebärden.
Refrain: Stumpfsinn, Stumpfsinn, du mein Vergnügen,
Stumpfsinn, Stumpfsinn, du meine Lust,
gäb's keinen Stumpfsinn, gäb's kein Vergnügen,
Stumpfsinn, Stumpfsinn, du meine Lust.

Das Krokodil,
es wohnt am Nil,
denn 's ist ja dorten zuhause.
Es frißt gar sehr,
mitunter noch mehr,
und manchmal macht's auch 'ne Pause.
(Refrain)

Die bunte Kuh
macht manchmal Muh,
läßt auf die Wiese sich treiben.
Sie gibt uns Milch
und Butter dazu,
doch manchmal läßt sie's auch bleiben.
(Refrain)

Die Schlange ist
ein schmales Biest,
der Bandwurm ist noch schmaler.
Und wenn du alles
lila siehst,
so werde moderner Maler.
(Refrain)

Der Floh ist halt,
wenn's noch so kalt,
das abgehärt'ste von allen Tieren.
Ganz ungeniert
und ungeziert
geht er im Hemde spazieren.
(Refrain)

Nach Karlsbad gehn,
das ist ganz schön,
denn ein dicker Bauch ist nicht mager.
Wenn du 'ne schö-
ne Schwester hast,
bekommst du bald einen Schwager.
(Refrain)

Wer sich vergißt
und zuviel ißt,

zehn Maß gießt in'n Magen hinunter,
der wird dann krank,
liegt auf der Bank,
denn 'rauf schmeckt's nicht besser als 'runter.
(Refrain)

Der Elefant
ist weltbekannt,
denn er hat einen langen Rüssel.
Doch will er mal 'raus,
dann kann er nicht 'raus,
denn der Wärter, der hat ja den Schlüssel.
(Refrain)

Der Ziegelstein
ist nie allein,
denn er liebt gesellige Triebe.
Und ist er allein,
dann ist er wahrschein-
lich irgendwo liegengeblieben.
(Refrain)

Das Briefpapier
hat Ecken vier,
in der Mitte kann man es falten.
Man schickt es fort
von Ort zu Ort,
man kann es jedoch auch behalten.
(Refrain)

Volksmund und unbekannte Verfasser
(um 1900)

Schüttelreime

Wenn kalter Regen niederfließt,
die Nachtigall im Flieder niest.

·

Was nützt die holde Maienlust,
wenn du dein Geld dir leihen mußt?

·

Die Firma preist den Wecker dreist,
obwohl er sich als Dreck erweist.

·

Wenn ich im Hause gründlich stöber',
dann wird mein Gatte stündlich gröber.

·

Die allergrößten Fachgelehrten
sind oft sehr schlechte Lachgefährten.

·

Man kann den Anstand mancher Esser messen
daran, wie sie mit ihrem Messer essen.

Mitten auf dem Tegler See
kocht der brave Segler Tee.

Ob wohl die bunten Schottenmützen
die Schotten vor den Motten schützen?

Ich lauf jetzt in den Birkenwald,
denn meine Pillen wirken bald.

Und weil er Geld in Menge hatte,
lag er stets in der Hängematte.

Verliebt ich um die Inge schlich,
doch nun sitz’ in der Schlinge ich.

Als Gottes Atem leiser ging,
schuf er den Grafen Keyserling.

Bei einem Stück von Richard Strauss,
da kriegt man nie die Strichart ’raus.

Das kleine Mädchen reibt sich leise
das Knie, wenn ich nach Leipzig reise.

Den Mägdlein, die nur flirten möchten,
wird keiner gerne Myrten flechten.

Du sollst dein krankes Nierenbecken
nicht mit zu kalten Bieren necken.

.

Es bellt ein Hund in Bielefeld,
der grade so wie viele bellt.

.

Ein Mädchen, das gern Käse ißt,
putzt sich die Zähne, eh se küßt.

.

Es soll noch heute Lümmel geben,
die meist von Korn und Kümmel leben.

.

Es sprach der Herr von Finkenstein:
„Die Harzer Käse stinken fein.“

.

Gibst du dem Mops Sardellenbutter,
frißt er sie nicht, doch bellen tut er.

.

Heut essen wir den Suppenhahn,
den gestern wir noch huppen sahn.

.

Ich lernte sie als Perle kennen,
jetzt geht sie mit die Kerle pennen.

.

Im Walde hört man Kinder heulen:
da gibt's was auf die Hinterkeulen.

.

Ist auch des Dichters Ware billig,
so nimmt er doch das Bare willig.

.

Am besten sich die Zeitung liest
am Ort, wo du die Leitung ziehst.

.

Erst klapperten die Klapperschlangen,
bis dann die Klappern schlapper klangen.

.

Ein Tor singt jede Liederweise,
bisweilen laut, dann wieder leise.
Dagegen gibt der Weise Lieder,
die er nicht kennt, nur leise wieder.

.

Die Boxer aus der Meisterklasse
zerschlugen sich zu Kleistermasse,
und aus dem großen Massenkleister
erhob sich dann der Klassenmeister.

.

In Liebesleid weint Kammerjette
ob ihres Daseins Jammerkette.
Einst hatte sie 'ne Masse Kies,
doch jetzt stand's mit der Kasse mies.
Drum riß sie mit der Rosenhand
sich ab den ganzen Hosenrand,
hing sich dran auf, die Kammerjette,
und aus war's mit der Jammerkette

.

Ein Männlein lebt in unserm Bau
als Hausmeister.
Im Keller ist sein Aufenthalt,
und Maus heißt er.
Sein Röcklein, das ist eng und grau;
im Mais haust er.
Und alle Speisen – gleich ob kalt,
ob heiß – maust er.

Unbekannte Verfasser

Ein Wagen fuhr in Gossensaß
durch eine enge Soßengass',
wobei die ganze Gassensoß'
sich über die Insassen goß.

Oskar Blumenthal

Leben ist Gedränge meist;
geh nur durch die Menge dreist!

.

Gar manchen drückt der Ehren Last
hinab auf einen leeren Ast.

Anton Kippenberg

An der Liebe Niederlagen
läßt der Dichter Lieder nagen.

Erich Mühsam

So mancher Hirt, wenn er sein Vieh gezählt,
bemerkt mit Schreck, daß eine Ziege fehlt.

.

Man soll sich nie mit wilden Damen zanken
und soll dem Schöpfer für die zahmen danken.

Paul Diels

Wenn Gläser hell beim Weine klirren,
entstehn im Hirne kleine Wirren.

.

Man soll nicht gleich die Kinder hauen,
wenn sie nicht alles hinterkauen.

.

Ums Haupt von Locken hängt die Fülle,
doch hohlen Raum umfängt die Hülle.

Georg Müller-Giersleben

Den Arm um sie geschlungen zag,
fragt er mit sanftem Zungenschlag:
„Was war das für ein Schlangenzug,
der mich in deine Zangen schlug?“

Hans Kleinstück

Indessen ich auf Almen pinsel,
träum' ich von einer Palmeninsel.

Nach dem Bad die Süße fand
im Zwischenraum der Füße Sand.

Beim Mahle rief der Kaiser laut:
„Ich bitte, daß man leiser kaut!“

Theo Riegler

Da still ich meine Führte zieh,
müd wie das abgezehrte Vieh,
kommt plötzlich die gezierte Fee
und tritt mir auf die vierte Zeh.

Zur Zeit, da Falter an den Wiesen naschen
und Blumen duften aus den Vasen-Nischen,
muß, wer allergisch, oft die Nasen wischen
und Taschentücher, feucht vom Niesen, waschen.

Franz Mittler

Mit jenem Messer, das ihm Schurken gaben,
sieht man den Sträfling heute Gurken schaben.

·

Als Räuberbanden auch die Gleise raubten,
selbst Optimisten nicht mehr an die Reise glaubten.

·

Der Gangster scheint wohl eine kurze Weile bieder,
auf einmal kommt er mit dem Beile wieder.

·

Vor Bauchweh sich der Sohn des Fürsten windet –
ob sich das Gift wohl in den Würsten findet?

·

Ich weiß, warum so viele Mädchen in die Kissen weinen.
Sie sehnen sich nach einem Freund und wissen keinen.

·

Ich sagte noch ausdrücklich: Keine Damen!
Das hat dich nicht bekümmert: deine kamen.

·

Den Saal der Lichter Helle füllt,
wenn sich ein Star in Felle hüllt.
Man wartet, bis die Hülle fällt,
die ihrer Kurven Fülle hält.

Eugen Gürster

Seit Stunden sie am Meere lagen –
jetzt treibt sie heim der leere Magen.

·

Man begreift den Rinderkoller
bei dem Lärm der Kinderroller!

·

Wenn Mangel an Mut wär',
da hülfe ein Wermut –
doch in diesem Wutmeer
schafft der nur noch mehr Wut!

·

Wie satte Babys auf der Waage liegen,
so wird uns Müde nun der Liegewagen
in jene traumhaft sel'ge Lage wiegen,
mit der wir einst in unsrer Wiege lagen.

·

Ohne Selbstkritik versauert Dichtung!
Nur das Beste überdauert Sichtung.

Elisabeth Knauth

Schüttelhosen

Wenn stillvergnügt ich jetzt mal schüttelnd Hosen reim',
seh ich mich überrascht alsbald in Rosenheim.
Und wenn sodann mit List ich schüttelnd reime Hosen,
erblicke ich entzückt in meinem Heime Rosen.
Ob ihr die Augen auch schockiert von Hosen rollt,
geschüttelt halten sie mir Heim und Rosen hold.
Sagt nicht, ich priese ja wie weiland Heine Rosen;
nein, Schüttelhosen sind vorbildlich reine Hosen.
(Um nicht zu bosen euch und nicht zu bosen Heine,
vermeide ich bewußt den Ausdruck „Hosenbeine".)
Ich lasse schüttelnd nicht sich je zu bosen Raum
und wünsche Freuden viel euch unterm Rosenbaum.
Geht ihr dann hochbeglückt und unter Kosen heim,
bedenkt: All das entspringt dem Schüttelhosenkeim.
Und wenn ich jetzt zum Schluß noch schüttelnd Kosen reime,
wird's klar: In Schüttelhosen stecken Rosenkeime.

C. Palm-Nesselmanns

Käthchens Wädchen

Erst als ich Käthchens Wädchen fand,
die Liebe um mich Fädchen wand.
Gern ließ die Lieb ich Fädchen winden.
Könnt' je man süßre Wädchen finden
als deine, du mein Käthchen, wohl?
Was sind die andern Wädchen? – Kohl!
Was sind die andern Wädchen? – Mist!
Daß ihr es nur, ihr Mädchen, wißt!
Von Porzellan die weißen Mädchen,
die man geformt in Meißen, Wädchen
so schöne nie wie Käthchen wiesen;
drum mußt' ich Käthchens Wädchen kiesen.
Fürwahr, nie einem Mädchen wuchsen
so wohlgeformte Wädchen! Mucksen
soll keiner da. Die miesen Wädchen
den Weg zu dir mir wiesen, Mädchen.
Mein Weg wird stets bei Käthchen münden,
das will ich allen Mädchen künden;
will mich von andern Mädchen kehren
und stets das Lob von Käthchen mehren.
Will wissen nichts von keckern Mädchen,
mit Recht würd' dann ja meckern Käthchen.
Ach, wenn das süße Käthchen wüßte,
wie gern ich seine Wädchen küßte!
Zorn packt mich, deckt die vollen Wädchen
einmal ein Strumpf aus Wollenfädchen.
Dann möcht' ich in den Fädchen wühlen
und würd' beglückt die Wädchen fühlen.
Daß sich zu Käthchens Wädchen kehren
die Augen – kann es Käthchen wehren?
Kein Blick kann Käthchens Wädchen meiden.
Man muß sich an dem Mädchen weiden.
So schön und reizend wie mein Käthchen
gibt's auf der ganzen Welt kein Mädchen!
Ich frag' euch alle, Mädchenkenner,
wer ist so hübsch wie Käthchen, Männer?
Spinn' ich auch listig meine Fädchen,

ich finde nicht so feine Mädchen.
Es kann sich siegreich messen Käthchen
mit sanften wie mit kessen Mädchen.
Stets denken ich an Käthchen müßte,
wenn je mich mal ein Mädchen küßte.

C. Palm-Nesselmanns

Ski-Heil!

Ade nun Arbeit, Last und Geld!
Hier bin ich Mensch und Gast und Held.
Schnell ist die Nacht – juchhe! – verschnarcht,
frühmorgens ist der Schnee verharscht.
In grellen Farben Mieder glühen,
die Haserln ihre Glieder mühen,
denn prophezeit ist Wettersturz!
Ganz kribbelig dem Städter wurd's,
er will bei goldner Sonne Winken
in lauter Schnee und Wonne sinken.
Eßt euern Mittagsreis geschwind,
eh uns erneut der Schweiß gerinnt!
Wie dräut jetzt jene steile Wand,
auf der ich eine Weile stand,
wo mich das Sommerwetter brannte,
bis ich talab die Bretter wandte.

Bei roter Sonne Widerschein –
wie schmeckt nach all dem Ski der Wein!
(Den Wirt mit Recht ein Haß befällt,
wenn er den Wein im Faß behält.)
Laßt uns noch einen Lütten heben!
Ade, du schönes Hüttenleben,
wo uns das Bett so lecker wärmt – –
Zum Abschied bald der Wecker lärmt.

Elisabeth Knauth

Erschütternde Schüttel-Knüttel-Reimballade

Auf den Rabenklippen
bleichen Knabenrippen,
und der Mond verkriecht sich düster ins Gewölk.
Rings im Kringel schnattern
schwarze Ringelnattern,
und der Uhu naht sich mit Gebölk.

Mit den Tatzen kratzen
bleiche Katzenfratzen
an dem Leichenstein, der Modergruft.
Furchtbar, schrecklich, gräßlich,
greulich, eklig, häßlich
tönt ihr Wehgewinsel durch die Luft.

Tief im Moore brodelt's
und im Chore jodelt's
in die kohlpechrabenschwarze Nacht hinaus.
Keine Brandungslücke,
keine Landungsbrücke
gibt's in diesem Moor aus Schreck und Graus.

Selbst ein dummer Stänker
wird ein stummer Denker,
wenn er so viel Grauses hört und schaut.
Trinkt noch schnell 'nen Bittern,
sinkt zur Stell mit Zittern
mit 'ner Kreidehaut ins Heidekraut.

Drum, ihr tollen Zecher,
hebt die vollen Becher,
besser sitzt es sich doch hier beim Wein
als auf Rabenklippen,
wo die Knabenrippen
bleichen bei des Neumonds finsterm Schein.

Heinrich Seidel

Knüpflieder

Das Lied vom Jockel

Der Herr, der schickt den Jockel aus,
er soll den Hafer schneiden;
der Jockel schneid't den Hafer nicht
und kommt auch nicht nach Haus.

Da schickt der Herr den Pudel aus,
er soll den Jockel beißen.
Der Pudel beißt den Jockel nicht,
der Jockel schneid't den Hafer nicht
und kommt auch nicht nach Haus.

Da schickt der Herr den Prügel aus,
er soll den Pudel schlagen.
Der Prügel schlägt den Pudel nicht,
der Pudel beißt den Jockel nicht,
der Jockel schneid't den Hafer nicht
und kommt auch nicht nach Haus.

Da schickt der Herr das Feuer aus,
es soll den Prügel brennen.

Das Feuer brennt den Prügel nicht,
der Prügel schlägt den Pudel nicht,
der Pudel beißt den Jockel nicht,
der Jockel schneid't den Hafer nicht
und kommt auch nicht nach Haus.

Da schickt der Herr das Wasser aus,
es soll das Feuer löschen.
Das Wasser löscht das Feuer nicht,
das Feuer brennt den Prügel nicht,
der Prügel schlägt den Pudel nicht,
der Pudel beißt den Jockel nicht,
der Jockel schneid't den Hafer nicht
und kommt auch nicht nach Haus.

Da schickt der Herr das Kälblein aus,
es soll das Wasser saufen.
Das Kälblein säuft das Wasser nicht,
das Wasser löscht das Feuer nicht,
das Feuer brennt den Prügel nicht,
der Prügel schlägt den Pudel nicht,
der Pudel beißt den Jockel nicht,
der Jockel schneid't den Hafer nicht
und kommt auch nicht nach Haus.

Da schickt der Herr den Metzger aus,
er soll das Kälblein schlachten.
Metzger geht das Kälblein schlachten,
Kälblein geht das Wasser saufen,
Wasser geht das Feuer löschen,
Feuer geht den Prügel brennen,
Prügel geht den Pudel schlagen,
Pudel geht den Jockel beißen,
Jockel geht den Hafer schneiden
und kommt dann auch nach Haus.

Volksmund

Ritter Dietrichs Brautfahrt

Herr Dietrich, der Ritter vom Durstigenstein,
hat Habchen und Babchen versoffen;
nun setzt auf ein rosiges Mägdelein
der Edle sein wonnigstes Hoffen.
Mathilden, der lieblichen Erbin, weint
sein Kummer die salzigsten Tränen.
So geht's, wenn totaler Bankrott sich vereint
mit hangen- und bangendem Sehnen.
Du bändigst, o Minne, den Wilden,
nun hat er im Sinne Mathilden;
du bändigst den Wilden, o Minne,
nun hat er Mathilden im Sinne –
Mathilden im Sinne, juchhe!

Und feierlich schwingt sich Herr Dietrich aufs Roß
halb zwölf zur gewähltesten Stunde,
doch kaum ist er zweihundert Schritte vom Schloß –
schon klebt ihm die Zunge im Munde.
Ihm wird es vor Durst und vor Liebe so bang,
er reitet zur lauschigen Schenke,
nimmt dort einen Bittern, und neuer Elan
durchrieselt ihn mit dem Getränke.
Er wird nicht zagen, nicht zittern,
er hat im Magen den Bittern;
er wird nicht zittern, nicht zagen,
er hat den Bittern im Magen –
Mathilden im Sinne –
den Bittern im Magen, juchhe!

Er kniet vor Mathilden, er stammelt das Wort:
„Ich lieb' Euch, mein Fräulein, ich schwöre!"
Da schnuppert ihr Näschen, sie wendet sich fort:
„Herr Ritter, ihr riecht nach Liköre!"
Kaum trauet Herr Dietrich dem eigenen Ohr,
es fällt ihm das Herz in das Beinkleid;
er wanket und schwanket durch Tür und durch Tor;
und hinter ihm lacht die Gemeinheit.

Er hört noch die losen Scherze,
er hat in den Hosen das Herze;
er hört noch die Scherze, die losen,
er hat das Herz in den Hosen –
   Mathilden im Sinne –
   den Bittern im Magen –
   das Herz in den Hosen, juchhe!

So reitet im lachenden Sonnenschein
mit niedergeschlagener Seele
davon Ritter Dietrich vom Durstigenstein,
da wird ihm gar trocken die Kehle.
Erschreckendes droben auf keuchendem Roß
durchbebt das erhitzte Gehirne;
doch denkt er, wie lang durch die Gurgel nichts floß,
rinnt kalt ihm der Schweiß von der Stirne.
   Die glühenden Schmerzen im Schlunde,
   im Herzen die brennende Wunde;
   im Schlunde die glühenden Schmerzen,
   die brennende Wunde im Herzen –
      Mathilden im Sinne –
      den Bittern im Magen –
      das Herz in den Hosen –
      die Wunde im Herzen, juchhe!

Schon winket ihm wieder ein freundlich Geschick,
die Schenke mit blinkendem Schilde.
Da schwellt sich von Sehnen der durstige Blick,
da bist du vergessen, Mathilde.
Ein Schlückchen nun schluckt er aufs andere drauf,
dann ruft er: „Zu Pferde! zu Pferde!"
Wohl macht er zu gräßlichem Werke sich auf –
sanft zieht ihn der Bittre zur Erde.
   Schon wird er dem Hohne zum Spiele,
   er hat in der Krone zu viele;
   schon wird er zum Spiele dem Hohne,
   er hat zuviel in der Krone –
      Mathilden im Sinne –
      den Bittern im Magen –

das Herz in den Hosen –
die Wunde im Herzen –
zuviel in der Krone, juchhe!

Der Ritter, Herr Dietrich vom Durstigenstein,
gebärdet am Boden sich wilde;
da kommen die Schergen und wickeln ihn ein –
o Bitterer und o Mathilde!
Denn hätt ihm die Zung' nicht im Munde geklebt,
worauf er den Bittern genommen,
und hätt' er ein bißchen manierlich gelebt,
wär' alles ganz anders gekommen.
Drum zähme den Trieb nach Liköre,
oft bringt er die Lieb' zu Malöre;
drum zähme likörige Triebe,
sie bringen Malör in der Liebe –
Mathilden im Sinne –
den Bittern im Magen –
das Herz in den Hosen –
die Wunde im Herzen –
zuviel in der Krone –
Malör in der Liebe, juchhe!

Edwin Bormann

Der brave Untertan

Ein Deutscher saß im grünen Gras
und wollte da studieren was:
Latein und Philologie
und Anthropopologie.
Da kam eine Fliege und kitzelt ihn,
daß er mußt's Gesicht verziehn:
„Fliege, laß das Kitzeln!"
Die Fliege kitzelt weiter,
in Deutschland ist es heiter.

Ein Deutscher saß im grünen Gras
und wollte da studieren was:
Latein und Philologie
und Anthropopologie.
Da flog eine Wesp' ihm auf die Nas'
und stach ihm eine große Blas':
„Wespe, laß das Stechen!"
Die Wespe sticht ihm Blasen,
die Fliege kitzelt weiter.
In Deutschland ist es heiter.

Ein Deutscher saß im grünen Gras
und wollte da studieren was:
Latein und Philologie
und Anthropopologie.
Da sprang ein Floh ihm auf die Brust
und peinigt ihn nach Herzenslust:
„Floh, laß mich zufrieden!"
Der Floh, der peinigt stärker,
die Wespe sticht ihm Blasen,
die Fliege kitzelt weiter.
In Deutschland ist es heiter.

Ein Deutscher saß im grünen Gras
und wollte da studieren was:
Latein und Philologie
und Anthropopologie.
Da kam ein großer Hund daher,
der biß ins Bein ihn äußerst sehr:
„Hund, du läßt das Beißen!"
Der Hund, der beißt gewaltig,
der Floh, der peinigt stärker,
die Wespe sticht ihm Blasen,
die Fliege kitzelt weiter.
In Deutschland ist es heiter.

Ein Deutscher saß im grünen Gras
und wollte da studieren was:

Latein und Philologie
und Anthropopologie.
Da kroch ein Egel ihm aufs Herz
und sog ihm Blut zu großem Schmerz:
„Egel, laß das Saugen!"
Der Egel saugt am Herzen,
der Hund, der beißt gewaltig,
der Floh, der peinigt stärker,
die Wespe sticht ihm Blasen,
die Fliege kitzelt weiter.
In Deutschland ist es heiter.

Ein Deutscher saß im grünen Gras
und wollte da studieren was:
Latein und Philologie
und Anthropopologie.
Da stieß ein Ochs ihn um und um,
daß der Gelehrte wurde dumm:
„Ochse, laß das Stoßen!"
Der Ochse stößt ihn um und um,
der Egel saugt am Herzen,
der Hund, der beißt gewaltig,
der Floh, der peinigt stärker,
die Wespe sticht ihm Blasen,
die Fliege kitzelt weiter.
In Deutschland ist es heiter.

Zuletzt ist er gestorben nun,
um vom Vergnügen auszuruhn.
Da sah ich auf dem Denkmal stahn:
„Das war ein braver Untertan!
Die Fliege tät ihn kitzeln,
die Wespe stach ihm Blasen,
der Floh hat ihn gepeinigt,
der Hund hat ihn gebissen,
der Egel sog ihm's Blut aus,
der Ochse tät ihn stoßen:
Es tät ihn nichts erbosen."

Adolf Glaßbrenner

Was ist im Innern einer Zwiebel –?

Nun nimmt wohl bald der Bauer Geld aus der Schatullen
und macht sich auf mit seiner Kuh zum Bullen –
mit seiner Kuh.

Nun wirft wohl diese Kuh ein Kälbchen sonder Schaden,
und dieses Kälbchen legt dort einen runden Fladen –
das Kälbchen
von der Kuh.

Nun wächst aus diesem Fladen auf der Ackerkrume
wohl bald die schönste rote Bauernblume –
aus dem Fladen
von dem Kälbchen
von der Kuh.

Nun hüpft wohl bald ein Stubenmädchen in dem Grase,
pflückt einen Strauß für ihr Hotel und stellt in eine Vase
die Blumen
aus dem Fladen
von dem Kälbchen
von der Kuh.

In diesem so geschmückten Raum – denn sieh, er hat ihn
ja vorbestellt – liegt froh der heitere Hochzeitsreisende bei seiner Gattin –
in Zimmer 28
mit den Blumen
aus dem Fladen
von dem Kälbchen
von der Kuh.

Und hier empfängt sie einen anfangs anonymen Knaben,
sie trägt ihn aus, gebärt – er ist von großen Gaben –
von den Hochzeitsreisenden
aus Zimmer 28
mit den Blumen
aus dem Fladen
von dem Kälbchen
von der Kuh.

Der Knabe reift heran, erbt einen ganzen Batzen
und gründet sich ein Etablissement für Bett-Matratzen –
der Sohn
der Hochzeitsreisenden
aus Zimmer 28
mit den Blumen
aus dem Fladen
von dem Kälbchen
von der Kuh.

Nun schneuzt sich breit sein erster Vorarbeiter,
wischt sich den Bart und pinselt flötend weiter –
in der Fabrik
des Sohnes
der Hochzeitsreisenden
aus Zimmer 28
mit den Blumen
aus dem Fladen
von dem Kälbchen
von der Kuh.

Der Vorarbeiter hat das Bett lackiert. Nun nimmt er einen Schluck.
In diesem Bett tu ich den letzten Atemzug.

Kurt Tucholsky

Eine dicke Familie

Es war ein Mann in Mosambik,
der war als wie ein Faß so dick.
Und jeder sprach: Schau an
den dicken Mann.

Er nahm eine Frau, recht zart und schick,
sie war auch wie ein Faß so dick.
Und jeder sprach: Schau an
die dicke Frau
von dem dicken Mann.

Sie liebten sich auf den ersten Blick,
na und die Liebe, die war dick.
Und jeder sprach: Schau an
die dicke Liebe
von der dicken Frau
von dem dicken Mann.

Ihr erster Sohn hieß Ludewig,
der war wie beide zusammen so dick.
Und jeder sprach: Schau an
den dicken Sohn
von der dicken Liebe
von der dicken Frau
von dem dicken Mann.

Er führte eine Katze am Strick,
die war als wie ein Nilpferd so dick.
Und jeder sprach: Schau an
die dicke Katze
von dem dicken Sohn
von der dicken Liebe
von der dicken Frau
von dem dicken Mann.

Die Katze trank Milch auf ihrem Lager.
Die Milch, die war bestimmt nicht mager.
Und jeder sprach: Schau an
die dicke Milch
von der dicken Katze
von dem dicken Sohn
von der dicken Liebe
von der dicken Frau
von dem dicken Mann.

Der ganzen Familie Geschicke
füllten zehn dicke Bänd.
Drum mach ich jetzt das dicke
END.

Peter Hacks

Fabelhaftes

Mauskätzchen

Mauskätzchen gab ein großes Fest
und hatte dazu geladen
Bekannt' und Verwandte von Ost und West
und lauter Ihro Gnaden.
  Miau miau miau.

Sie trieben vielerlei Possen und Scherz
und füllten sich weidlich den Ranzen,
und weil es nun eben war im März,
so wollten die Kätzerlein tanzen.
  Miau miau miau.

Doch alle die gnädigen Kätzerlein,
die gnädigen Kater und Katzen,
die konnten nichts als miauen und schrein
und schluchzen und pfuchzen und pfnatzen,
  miau miau miau.

Mauskätzchen schickt nach dem Pudel hin,
der konnte das Hackebrett schlagen,

der sollte so was nach ihrem Sinn
auf dem Hackebrett vortragen.
  Miau miau miau.

Der Pudel war ein gescheiter Mann,
eine bürgerliche Kanaille:
„Was geht mich Dero Gesellschaft an,
Ew. Gnaden Katzengebalge?“
    Wau wau wau wau.

Heinrich Hoffmann von Fallersleben

Der Überunke

Ein junger Unke unkte
in zwei verschiedenen Lagen.
Er war in diesem Punkte
ganz aus der Art geschlagen.

Denn es galt als Norm bei den Unken,
nur einen Ton zu quaken.
Man meinte, mit dem Halunken
hat’s sicher einen Haken.

Und als er, die Weisen zu lästern,
einst die Behauptung aufstellte,
daß ihre Wahrheit von gestern
und heute nicht mehr gelte,

daß er der Entwicklungsfunke
für künftige Unkenform wär’
und daß er als Überunke
vielleicht erst die unkische Norm wär’,

da haben die Weisen peinlich
den seltenen Fall beraten:
Es handle sich wahrscheinlich
um einen Psychopathen.

Da meinten die Experten,
er sei ein Gift für das Volk.
Sie fingen ihn ein und sperrten
ihn in den verlassenen Kolk.

Doch bald nach seinem Tode,
da wurde, man weiß nicht wie,
das Überunkische Mode,
der Überunk Dernier cri.

Auf einmal wurde derselbe
ein unkisches Phänomen.
Man schrieb an sein Grabgewölbe:
Der Unke katexochen!

Beim Glanz der Irrelichter
wallfahrtet in Prozession
zu ihrem Denker und Dichter
die ganze Unkennation.

Erich Weinert

Die Fledermaus

Ein kleines Mäuschen kroch
stets unzufrieden in sein Loch;
stets wünscht' es: Wär' ich doch
der kleinste Vogel nur
und flög' in freier Luft! Zeus sagte zum Merkur:
Ich will der Närrin Wunsch gewähren,
erscheine, Maus! – Sie kam, den Göttersspruch zu hören.

Wohlan, sprach Zeus, zum Zeitvertreib
geb' ich dir Flügel an den Leib.
Nun flieg!

Halb Vogel und halb Maus,
flog sie und hieß die Fledermaus.
Merkur sah sie und lachte;
nun fliegt sie nur bei Nachte.

Johann Wilhelm Ludwig Gleim

Ein großer Teich war zugefroren

Ein großer Teich war zugefroren,
die Fröschlein, in der Tiefe verloren,
durften nicht ferner quaken noch springen,
versprachen sich aber, im halben Traum,
fänden sie nur da oben Raum,
wie Nachtigallen wollten sie singen.
Der Tauwind kam, das Eis zerschmolz,
nun ruderten sie und landeten stolz
und saßen am Ufer weit und breit
und quakten wie vor alter Zeit.

Johann Wolfgang Goethe

Fee und Esel

Das Mondlicht glitzert,
es glänzt der Schnee,
da schleicht ein Esel
zu seiner Fee.
Doch findt die Holde
er nicht zu Haus:
Ein andrer Esel
ging mit ihr aus.

Ob Blumen duften,
ob ringsum Schnee:
Nie fehlt an Eseln
es einer Fee!

Unbekannter Verfasser
(um 1885)

Hasenbraten

Eine Katze und ein älterer Hase
wanderten einst die gleiche Straße.
Bald schlossen Freundschaft im grünen Revier
der Hase und das Katzentier,
und es beschlossen die wackeren beiden,
vereint zu tragen der Wanderschaft Leiden.
So sind sie denn an ein Wirtshaus geraten,
dran hing ein Schild: „Frischer Hasenbraten!“
Kaum hatten die beiden dieses gelesen,
hui, ist da der Hase am Laufen gewesen!
Zehn Spannen nahm er mit jedem Satze!
– – – – – – – – – – aber erst die Katze!

Gustav Hochstetter

Der Apfelschimmel

Es war einmal ein Schimmel,
der war so weiß, daß man ihn gar nicht sah.
Eines Tages stand dieser Schimmel an einem Apfelbaum
und rieb sich den Hals an seinem Stamm.
Der Apfelbaum wurde fast verrückt;
denn er sah niemanden, der sich an ihm rieb,
und fühlte doch, daß es so war.

Und er begann seinen Verstand zu verlieren
und seine Äpfel dazu.
Der Schimmel aber erschrak so sehr über die plötzlich herab-
regnenden Äpfel,
daß er eine Hautkrankheit bekam, welche die Äpfel nachahmte.
Seitdem gibt es Apfelschimmel.

Christian Morgenstern

Der Gaul

Es läutet beim Professor Stein.
Die Köchin rupft die Hühner.
Die Minna geht: Wer kann das sein? –
Ein Gaul steht vor der Türe.

Die Minna wirft die Türe zu.
Die Köchin kommt: Was gibt's denn?
Das Fräulein kommt im Morgenschuh.
Es kommt die ganze Familie.

„Ich bin, verzeihn Sie", spricht der Gaul,
„der Gaul vom Tischler Bartels.
Ich brachte Ihnen dazumaul
die Tür- und Fensterrahmen."

Die vierzehn Leute samt dem Mops,
sie stehn, als ob sie träumten.
Das kleinste Kind tut einen Hops,
die andern stehn wie Bäume.

Der Gaul, da keiner ihn versteht,
schnalzt bloß mal mit der Zunge,
dann kehrt er still sich ab und geht
die Treppe wieder hinunter.

Die Dreizehn schaun auf ihren Herrn,
ob er nicht sprechen möchte.
„Das war“, spricht der Professor Stein,
„ein unerhörtes Erlebnis!“ ...

Christian Morgenstern

Pinguinträume

Am Südpol auf dem blanken Eis
spaziert ein Pinguin im Kreis.
Er legt mit träumerischen Blicken
die Flossen langsam auf den Rücken
und wandelt weiter, überlegend,
warum es wohl in dieser Gegend
(was ihn betrübt)
nichts Grünes gibt.

Er wünscht sich saftig-grüne Wiesen,
auf denen üppig Blumen sprießen.
Da plötzlich schmelzen Eis und Schnee,
und Kräuter, Gras und grüner Klee
und tausend bunte Blumen blühn
um den erstaunten Pinguin,
der sich verdutzt
die Augen putzt.

Er ruft „Juhu“ und wirft sich auch
ins grüne Polster auf den Bauch.
Ach, denkt er, was für schöne Dinge!
Jetzt fehlen nur noch Schmetterlinge!
Kaum, daß er diesen Wunsch getan,
fängt's ringsumher zu flattern an.
Schon sind – hurra –
die Falter da!

Da hat er nun – lang hingestreckt –
seltsame Wünsche ausgeheckt:
Er wünscht sich himmelblaue Rosen
und gelbgestreifte Herbstzeitlosen.
Sogar Kakteen, stachlig-wild,
und jeder Wunsch wird ihm erfüllt.
Da wird er kühn,
der Pinguin!

Er wünscht sich apfelgroße Fliegen
und sieben Meter lange Ziegen
und Löwen, größer als ein Schrank,
und Schlangen, kilometerlang.
Zum Schluß wünscht er sich einen Wal,
entsetzlich groß und kolossal.
Doch da – o Schreck –
ist alles weg.

Die Wiese fressen ab die Fliegen,
die Fliegen werden von den Ziegen
gefressen, und den Ziegenhauf,
den fressen alle Löwen auf.
Die Löwen sterben durch die Schlangen.
Jedoch die Schlangen, all die langen,
die frißt der Wal
mit einemmal.

Der Wal, der plumpst zurück ins Meer.
Und nun ist alles wie vorher.
Der Pinguin, halb schwarz, halb weiß,
spaziert im Kreis wohl auf dem Eis
und denkt sich so beim Kreis-Beschreiben:
Man muß sich halt die Zeit vertreiben,
der eine so,
der andre so!

Günter Strohbach

Die Taube Fritz

Eine Taube namens Fritz
fliegt auf eine Kirchturmspitz.

In die Kirche kommt der Pfarrer,
seine Schuhe machen Knarrer.

Und er zieht am Glockenstrang,
da fängt es zu bimmeln an.

Taube Fritz erschreckt sich arg
und fliegt zum Fritz-Hegel-Park.

Dort setzt er sich in den Dreck –
Religion hat wenig Zweck.

Arno Reinfrank

Irrtümer

Eine rosarote Katze,
eine himmelblaue Maus
treffen sich am Antonplatze
und erkennen sich durchaus.

Und die Maus will sich verstecken,
und dann sagt sie: keine Not,
nie sah ich das Maul sich lecken
eine Katze rosenrot.

Und die Katze nahet leise,
bleckt den Zahn und steilt den Bart,
bis sie ihrer Mittagsspeise
sonderbares Fell gewahrt.

Und sie läßt die Maus am Leben
wiederum auf Grund des Blaus,
und sie spricht: das kann's nicht geben,
eine himmelblaue Maus.

Also wandeln sie vom Platze
ohne Zwischenfall nachhaus,
rechts nach Weißensee die Katze,
links nach Lichtenberg die Maus.

Geleit:
Nämlich geht, auch wenn wir irren,
meistens alles gut, mein Kind,
weil die Irrtümer der andern
immer noch viel größer sind.

Peter Hacks

Der Storch

Weiße Tiere sind edel,
schwarze Tiere sind schlecht.
Aber bei schwarzweißen
weiß man nie so recht.

Der Storch braucht keine Gabel,
da hat er einen Schnabel.
Der Storch braucht auch kein Messer,
ist doch ein starker Esser.

Wenn er was im Magen hat,
etwa einen Lurch,
schläft er auf seinem Wagenrad
und fällt niemals hindurch.

Peter Hacks

Auf dem Fliegenplaneten

Auf dem Fliegenplaneten,
da geht es dem Menschen nicht gut:
denn was er hier der Fliege,
die Fliege dort ihm tut.

An Bändern voll Honig kleben
die Menschen dort allesamt,
und andre sind zum Verleben
in süßliches Bier verdammt.

In einem nur scheinen die Fliegen
dem Menschen vorauszustehn:
man bäckt uns nicht in Semmeln,
noch trinkt man uns aus Versehn.

Christian Morgenstern

Flohjagd

1

Einen stach ein böser Floh.

2

Doch er fing ihn nirgendwo.

3

Um zu enden seine Plagen,
wollt er ihn mit Macht verjagen

und schlug da, wo's ihn grad juckte,
weil die Haut vom Flohbiß zuckte,

zu des armen Tieres Pein
mit dem Eisenhammer drein.

4

Doch das Tier entlief sogleich;
und er traf sein eignes Fleisch.

5

Und nach meh'ren harten Schlägen
hat wie tot er dagelegen.

6

Jagst du Flöhe mit dem Hammer,
gibt es Knochensplitt und Jammer.

Rainer Kirsch

Ein Vorschlag

Wenn man die Tausendfüßler erfände,
die, statt der Füße, richtige Hände
hätten, dann würden Kollegen entstehn
mit eintausend Händen – das wäre doch schön?

Und wenn man sie großzuziehn verstände,
auf handliche Größe, könnten die Hände
uns helfen im VEB und zu Hause.
Wir hätten dann öfter mal größere Pause.

Doch sollten sie dann, mal angenommen,
für ihre Arbeit Medaillen bekommen,
dann müßten, es läßt sich nicht daran rütteln,
wir all diese Hände beglückwünschend schütteln.

Und hier wiederum, beim Händereichen,
würden die größeren Pausen verstreichen,
die jene Wesen mit eintausend Händen
der Menschheit durchs Tun ihrer Hände spenden.

Johannes Conrad

Der Turmwurm

Neulich bei dem starken Sturm
verkroch sich ein Wurm
unterm Fernsehturm.

In einer betongeschützten Ecke
taute er auf und rief, der Kecke:
„He, Fernsehturm, hör mir zu, du Recke!
Stell dir mal vor, ich wär' eine Schnecke,
dann wärst du ein Haus für meine Zwecke,
und leichthin trüg' ich dich jede Strecke."

Da sprach der Fernsehturm
von weit oben aus dem Sturm
hinunter zu dem Wurm:

„Gestatte, daß ich die Sache verkehre:
Wenn ich beweglich und tragbar wäre,
dann hätte ich unwillentlich
und eh' du's gedacht
dich längst schon zur Schnecke gemacht.
(Berlinisch. Auf Hochdeutsch:
Zur Strecke gebracht.)"

Horst Heitzenröther

Pegasus

Er verkaufte sein Musenpferd
als überholten Faktor
und erwarb als Gegenwert
einen hochpoetischen Traktor.

Den fuhr er in allen Bahnen
und mit jeglichen Gängen,
sowohl bei simplen Romanen
als bei getragnen Gesängen.

Einst gab er ohne Versmaß Gas,
da warf der Traktor ihn ins Gras,
fuhr fort und blieb verschwunden.
Er hat es nie überwunden,
spielt nur noch Pianoforte
und ständig das Lied ohne Worte.

Erwin Bruno Sandhoop

Schwindelpräparate

Lügenmärchen

Ich will euch singen und will nicht lügen:
Ich sah drei gebratne Hühner fliegen,
sie flogen also schnelle,
sie hatten die Bäuche gen Himmel gekehrt,
den Rücken nach der Hölle.

Ein Amboß und ein Mühlenstein,
die schwammen zusammen über den Rhein,
sie schwammen also leise.
Da fraß ein Frosch einen glühenden Pflug
zu Pfingsten auf dem Eise.

Es wollten drei Kerls einen Hasen fangen,
sie kamen auf Krücken und Stelzen gegangen,
der eine konnte nicht hören,
der andere war blind, der dritte stumm,
der vierte konnt sich nicht rühren.

Nun will ich erst singen, wie es geschah:
Der Blinde zuerst den Hasen sah

im Feld geschwind hertraben.
Der Stumme rief dem Lahmen zu,
da faßt ihn der beim Kragen.

Es segelten etliche über Land,
die Segel hatten sie in den Wind gespannt
und segelten auf den Feldern.
Sie segelten auf einen hohen Berg;
da ertranken sie alle in den Wäldern.

Es ging ein Krebs auf die Hasenjagd;
die Wahrheit kommt heraus mit Macht
und bleibt nicht lang verschwiegen.
Es lag eine Kuhhaut auf dem Dach,
die war da hinaufgestiegen.

Hiermit will ich mein Lied beschließen,
sollt es die Leute gleich verdrießen,
und will nicht länger lügen;
in meinem Land sind die Fliegen so groß
als hierzuland die Ziegen.

Volksmund
(um 1800)

Lügenlied

Die Donau ist ins Wasser gefall'n,
der Rheinstrom ist verbrannt.
Ein altes Weib ist drüber gegangen
und hat die Schürz verbrannt.

In Frankfurt ist ein Spaß passiert,
der Geißbock hat's erzählt:
Sie haben 'nen toten Schneidergesell'n
zum Bürgermeister erwählt.

Und wer mit Katzen ackern will,
der spann die Mäus' voran,
dann geht's die ganze Furch' hinauf
die Hetz, die Hetz, die Hetz!

Der Stiefel und der Stiefelknecht,
die führten einen Prozeß,
der Esel fährt im Luftballon,
der Ochse fährt Kalesch.

Das Kräuterweib von Luxemburg,
das handelt mit Spinat.
Jetzt wird der alte Stephansturm
in Wien sogar Soldat.

Volksmund

Die Kuh

Eine Kuh, die saß im Schwalbennest
mit sieben jungen Ziegen,
die feierten ihr Jubelfest
und fingen an zu fliegen,
der Esel zog Pantoffeln an,
ist übers Haus geflogen,
und wenn das nicht die Wahrheit ist,
so ist es doch gelogen.

Volksmund

Hokuspokus

Ein Gaukler Hokuspokus hieß,
zu Magdeburg sich sehen ließ,
er zeigte manch ein gutes Stück,
sein schwarzes Rößlein bracht ihm Glück.

Viel nahm er ein, doch klagt er sehr:
Es wär zu wenig, er brauchte mehr!
Und rief: „Fort aus der armen Gruft!"
Und warf ein Seil in die blaue Luft.

Dran lief sein schwarzes Roß hinauf,
er packt es am Schwanz, im vollen Lauf,
den Mann sein Weib am linken Bein,
das Weib die Magd am Röckelein.

So flogen die dreie hinterdrein:
Das gab ein Lärmen, das gab ein Schrei'n!
Mir aber erzählt Großmutter mein:
Sie sollen in der Luft verhungert sein!

August Kopisch

Schützenputzhäusel

So geht es im Schützenputzhäusel:
Da singen und tanzen die Mäusel,
da bellen die Schnecken im Häusel.

Im Schützenputzhäusel, da geht es sehr toll,
da saufen die Tische und Bänke sich voll,
Pantoffeln gar unter dem Bette.

Es saßen zwei Ochsen im Storchennest,
die hatten einander gar lieblich 'getröst'
und wollten die Eier ausbrüten.

Es zogen drei Störche wohl auf die Wacht,
sie hatten ihre Sache gar wohl bedacht
mit ihren großmächtigen Spießen.

Ich wüßte der Dinge noch viele zu sagen,
die sich im Schützenputzhäusel zutragen,
gar lächerlich über die Maßen.

Volksmund

Dunkel war's ...

Dunkel war's, der Mond schien helle,
schneebedeckt die grüne Flur,
als ein Wagen blitzesschnelle
langsam um die Ecke fuhr.
Drinnen saßen stehend Leute,
schweigend ins Gespräch vertieft,
während ein geschoßner Hase
auf der Wiese Schlittschuh lief.
Und auf einer roten Bank,
die blau angestrichen war,
saß ein blondgelockter Jüngling
mit kohlrabenschwarzem Haar;
neben ihm 'ne alte Schachtel,
zählte kaum erst sechzehn Jahr,
und sie aß ein Butterbrot,
das mit Schmalz bestrichen war.
Droben auf dem Apfelbaume,
der sehr süße Birnen trug,
hing des Frühlings letzte Pflaume
und an Nüssen noch genug.

Kinderreim

Die Hausfrau fiel ins Tintenfaß

Zwei Fischlein saßen im Hühnerstall
und machten dort einen Mordskrawall!
Denn sie fingen an zu bellen,
sogar der Schellfisch begann zu schellen.

Der Hofhund hatte die Pfeife im Mund,
die Schweine wogen schon dreitausend Pfund.
Der Wagen fuhr rückwärts zur Tür hinaus,
da wieherten die Mäuse den Kater aus.

Die Hausfrau fiel ins Tintenfaß 'rein
und brach dabei das linke Bein.
Der Gockel wedelte mit dem Schwanz;
die Besen hopsten den Sambatanz.

Das Hähnchen legte ein Spiegelei,
zur nächsten Mahlzeit bist du dabei!
Der Hengst ertrank im Fingerhut,
die Schnecke kam darob in Wut.

Jetzt will ich nicht mehr weiterlügen,
weil sich bereits die Balken biegen.

Von einem dreizehnjährigen Knaben
(um 1950)

Phantasiefabrikate

Universal-Phantasie

Wenn der Mensch zur Dämmerstunde
mit der Einsamkeit im Bunde
grübelnd auf dem Sofa weilt,
dann geschieht es wohl bisweilen,
daß Gedanken ihn ereilen,
wie sie ihn noch nie ereilt.

Und er fühlt es ahnungsschaurig,
wie sein Geist, halb froh, halb traurig,
auf der Menschheit Spitzen klimmt;
und er sieht von hohen Gletschern,
wie sein Herz mit leisem Plätschern
in dem Universum schwimmt.

Ach, die ganze Weltgeschichte
schwebt in flüchtigem Gesichte
tatenschwer an ihm vorbei,
von der Menschheit Sündenfalle
bis zum jüngsten Mörserknalle
hinten weit in der Türkei.

Bald ergreift ihn Wonnebeben,
und fast momentan daneben
stöhnt in Schmerz sein ganzes Ich;
liebeleere Schluchten klaffen,
wo noch jüngst mit zarten Waffen
sanft die Hoffnung ihn beschlich.

Jetzt umtönen Flötenklänge,
holde Seraphimgesänge
schmeichlerisch sein trunknes Ohr...
Wehe! sie verstummen, schweigen,
und der Rachegeister Reigen
tobt im Höllentamtamchor!

Diese und noch manche weitre
düstre Phantasien und heitre
haben schon den Geist ereilt,
wenn der Mensch zur Dämmerstunde
mit der Einsamkeit im Bunde
grübelnd auf dem Sofa weilt.

Edwin Bormann

Die Gewitternacht

Rausch-Dithyrambe, nach der dritten Füllung der Bowle
zu deklamieren

Flüsternd steht die Trauerweide
in dem sturmgepeitschten Meer,
und ein Frosch in schwarzer Seide
kommt im Omnibus daher.
Auf dem Meer schwankt die Fregatte
durch die kochend heiße Flut;
eine weiße Ballkrawatte
findet keinen Rand am Hut,
denn am Felsen seufzt die Brandung,

und die Woge singend brüllt,
wenn in griechische Gewandung
sie die schlanke Taille hüllt.
Die Fregatte naht dem Riffe,
bergehoch bäumt sich ihr Kiel,
und ein Stock mit schwarzem Griffe
springet auf vom Kartenspiel.
„Pik ist Trumpf!“ so ruft er krächzend;
in der Brandung fällt ein Schuß,
die Fregatte sinkt, und ächzend
sterben Frosch und Omnibus!

Ha, die Windsbraut sich erneuert,
wütender wird der Orkan –
an des Schiffes Trümmern scheuert
sich ein Frosch den Backenzahn!
Pfeifend braust es in den Lüften,
in der Wolken schwarz Geflecht,
und in öden Totengrüften
musiziert ein Stiefelknecht.
Hinter einer Nebelbrücke
birgt der Mond sein bleich Gesicht;
eine abgezehrte Mücke
frißt ein Kilogrammgewicht.
Sieh, der Blitz durchflitzt die Wolken,
lieblich kracht's im schwarzen Tann –
eine Magd, die Vieh gemolken,
zieht Dragonerstiefel an.
Rings der Himmel steht in Flammen,
Schlosser hageln auf die Trift,
zwei gesunde Bauernammen
fliehen in ein Jungfernstift.
Düster leuchten fünfzehn Sterne
an dem hohen Himmelsjoch,
und beim Schein der Stallaterne
stürzt ein Ochs ins Feuerloch!

Horch! Zwölf Uhr schlägt's hoch vom Turme,
wo der Feuerwächter wacht;
und auf einem Regenwurme
sprengt ein Hering durch die Nacht.
Drüben an der Kirchhofsmauer
lehnt ein Schirm im Sonntagsfrack;
eine Hammelkeul' in Sauer
nimmt 'ne Prise Schnupftabak.
Rasselnd auf den Leichensteinen
tanzt der Geister lust'ge Brut;
flink auf dürren Spindelbeinen
läuft ein blonder Damenhut.
Durch der Eiche kahlen Gipfel
heult herab ein Donnerknall;
mit dem Myrtenkranz im Zipfel
schwebt die Leberwurst zu Ball.
Hinter mächt'gen Spiegelgläsern
flammt ein Nachtlicht hoch empor,
und von fünf Trompetenbläsern
legt der sechste sich aufs Ohr.

Feurig fall'n des Schnees Flocken
auf die angsterfüllte Stadt,
wo ein Pudel seine Locken
wickelt in ein Zeitungsblatt.
Fußtief liegt in allen Gassen
himmelhoch der bleiche Schnee,
und die Menschheit trinkt in Massen
Flieder- und Kamillentee.
In den Ställen brüll'n die Rinder,
kriechen in den Unterrock;
und zwei neugeborne Kinder
zanken sich um ein Glas Grog!

Katzen schleichen auf den Dächern,
fordern sich auf Dolch und Schwert;
in versunknen Kellerlöchern
galoppiert ein Droschkenpferd.

Mit der Knarre durch die Straßen
läuft der Wächter kalt und kahl;
ein Paar blaugefrorne Nasen
wackeln am Laternenpfahl.
Draußen rennt mit bloßen Füßen
ein verschnupfter Degenstich,
und zwei Besenstiele küssen
heimlich an der Pumpe sich.

Endlich fängt es an zu tagen,
schweigt der Elemente Wut;
freundlich und mit Wohlbehagen
zieht die Sonne ihren Hut.
Vögel kreischen, Droschken zittern,
wo vorhin noch Grauen lag,
und mit einem Magenbittern
grüßt der Mensch den jungen Tag. –
O Natur, welch reicher Segen
birgt der Erde Mutterschoß!
Freudig ruf' ich dir entgegen:
Gott, wie ist dein Tierreich groß!

Daniel Bartels

Der Zauberer Korinthe

Es lebte einst der Zauberer
Kori, Kora, Korinthe.
Der saß in einem Tintenfaß
und zauberte mit Tinte.

Wenn jemand damit Briefe schrieb
und schmi und schma und schmollte,
dann schrieb er etwas anderes,
als was er schreiben wollte.

Einst schrieb der Kaiser Fortunat
mit Sie, mit Sa, mit Siegel:
Der Kerl, der mich verspottet hat,
kommt hinter Schloß und Riegel!

Doch hinterher las man im Brief,
vergni, vergna, vergnüglich:
Der Kerl, der mich verspottet hat,
der dichtet ganz vorzüglich!

Da schmunzelte der Zauberer
Kori, Kora, Korinthe
und schwamm durchs ganze Tintenfaß
und trank ein bißchen Tinte.

Ein andres Mal schrieb Archibald,
der Di, der Da, der Dichter:
Die Rosen haben hierzuland
so zärtliche Gesichter!

Er hat von Ros' und Lilienhaar
geschri, geschra, geschrieben;
doch als das Liedlein fertig war,
erzählte es von – Rüben.

Da schmunzelte der Zauberer
Kori, Kora, Korinthe
und schwamm durchs ganze Tintenfaß
und trank ein bißchen Tinte.

Heut schrieb der Kaufmann Steenebarg
aus Bri, aus Bra, aus Bremen
an seinen Sohn in Dänemark:
Du solltest dich was schämen!

Doch als der Brief geschrieben war
mit Schwi, mit Schwa, mit Schwunge,
da stand im Brief: Mein lieber Sohn,
du bist ein guter Junge!

Da schmunzelte der Zauberer
Kori, Kora, Korinthe
und schwamm durchs ganze Tintenfaß
und trank ein bißchen Tinte.

Und wer das Lied nicht glauben will
vom Schri, vom Schra, vom Schreiben,
der ist wahrscheinlich selber schuld
und läßt es eben bleiben!

James Krüss

Der lange, dünne Zwerch

Mit Zwerchfell wie nicht jeder
bewachsen, steht er hier:
der Zwerch aus meiner Feder!
Der Zwerch auf dem Papier!

Er wiegt ein achtel Kilo
von jetzt ab, ohne Dreh,
und heißt ab sofort Thilo
mit vorne hartem T!

Vorn trägt er auch die Nase
trotz ihres Schwergewichts.
Doch hinten heißt er Hase
und weiß, schreib ich, von nichts.

Vielleicht ahnt er, der Gute,
nicht einmal, daß er ist
und jetzt auf die Minute
schon sechzehn Zeilen mißt?

Er wächst, wie ich erkläre,
durch mich, der stumme Wurz,
und blieb, wenn ich nicht wäre,
für Ewigkeiten kurz.

Ein Zwerch mit langen Haxen
ist zwar recht sonderbar.
Doch durch sein stetes Wachsen
wächst auch mein Honorar!

Vielleicht will er der Lerche
ein Wolkenliedchen klaun?
Wer weiß, warum sich Zwerche
aus Federhaltern traun!

Oh, Tragik laut und leise!
Soeben fällt mir auf:
Er wächst zwar zeilenweise,
doch runter – und nicht rauf!

Ein Zwerch wächst in Gedichten
nach unten, wie sich zeigt.
Soll man die Sprache richten,
weil dieser Zwerch stur schweigt?

Da nützt es nichts, zu heulen,
warum er denn nicht spricht.
Zweihunderttausend Eulen
beantworten das nicht.

Entstammt er, Thilo Hase,
vielleicht als Flaschenzwerch
einschließlich seiner Nase
der Bierstadt Radeberch –?

Hat er, der Zwerch, auch innen
ein Herz und liebt Berlin?
Die weisen Eulen sinnen...
Geheimnis ist um ihn!

Käm er aus einem Märchen,
dann wär er klitzeklein.
Die Sphinx blickt aus den Zwerchen!
Sie scheinen tief zu sein.

Ein Zwerch von vierzehn Strophen
stellt Fragen, wie ihr seht.
Fest steht bei diesem doofen
Zwerch nur, daß er hier steht!

Johannes Conrad

Der Marabu

Der Marabu, von dem es heißt,
er sei ein nachdenklicher Geist,

nimmt bei des Vollmonds hellem Brand
stets gern ein gutes Buch zur Hand –

und sètzt die Brille auf die Nase
und liest des Nachts in der Oase.

Er denkt, es hat des niemand acht,
wodurch er so gelehrt sich macht.

Doch Burrmann folgt mit Hilfe Mogels
dem Lebensgang auch dieses Vogels.

Hans Mogel wird, mit Leim behandelt,
in einen Marabu verwandelt.

Stativ und Apparat dazu
in einen zweiten Marabu.

Als nun die Nacht kommt und der Mond,
erscheint der Vogel, wie gewohnt,

und hebt die Brille hinters Ohr
und zieht ein Lesebuch hervor.

Unweit zwar, an der Palme Fuß,
sieht er zwei weitre Marabus; –

doch da dieselben gleichfalls lesen,
versöhnt er sich mit ihrem Wesen.

Er schlägt sein Buch auf, Seite dreißig,
und liest wie immer ernst und fleißig.

Da drückt Hans Mogel auf den Ball...
man hört ein Klingen von Metall...

doch weiter nichts. Die Dreie stehn
ganz still, als wäre nichts geschehn.

Nach einer Weile aber – knall! –
drückt Mogel abermals den Ball.

Verflossen ist die nötige Zeit.
Der Marabu ist konterfeit.

Die beiden falschen Marabus
verschwinden von der Palme Fuß...

Der echte aber spricht zu sich:
„Dies alles ist höchst wunderlich!“

Christian Morgenstern

Der weiße Hirsch

Es gingen drei Jäger wohl auf die Pirsch,
sie wollten erjagen den weißen Hirsch.
Sie legten sich unter den Tannenbaum;
da hatten die drei einen seltsamen Traum.

Der erste.
„Mir hat geträumt, ich klopf an den Busch,
da rauschte der Hirsch heraus, husch, husch!"

Der zweite.
„Und als er sprang mit der Hunde Geklaff,
da brannte ich ihm auf das Fell, piff, paff!"

Der dritte.
„Und als ich den Hirsch an der Erde sah,
da stieß ich lustig ins Horn, trara!"

So lagen sie da und sprachen, die drei,
da rannte der weiße Hirsch vorbei;
und eh die drei Jäger ihn recht gesehn,
so war er davon über Tiefen und Höhn.
Husch, husch! Piff, paff! Trara!

Ludwig Uhland

Der Nachtschelm und das Siebenschwein oder Eine glückliche Ehe

Der Nachtschelm und das Siebenschwein,
die gingen eine Ehe ein,
o wehe!
Sie hatten dreizehn Kinder, und
davon war eins der Schluchtenhund,
zwei andre waren Rehe.

Das vierte war die Rabenmaus,
das fünfte war ein Schneck samt Haus,
o Wunder!
Das sechste war ein Käuzelein,
das siebte war ein Siebenschwein
und lebte in Burgunder.

Acht war ein Gürteltier nebst Gurt,
neun starb sofort nach der Geburt,
o wehe!
Von zehn bis dreizehn ist nicht klar; –
doch wie dem auch gewesen war,
es war eine Glückliche Ehe!

Christian Morgenstern

Das Lied von der Hochseekuh

Zwölf Tonnen wiegt die Hochseekuh.
Sie lebt am Meeresgrunde.
Ohei! – – Uha!
Sie ist so dumm wie ich und du
und läuft zehn Knoten in der Stunde.
Ohei! – – Uha!

Sie taucht auch manchmal aus dem Meer
und wedelt mit dem Schweife.
Ohei! – – Uha!
Und dann bedeckt sich ringsumher
das Meer mit Schaum und Seife.
Ohei! – Uha!

Die Kuh hat einen Sonnenstich
und riecht nach Zimt und Nelken.
Ohei! – – Uha!
Und unter Wasser kann sie sich
mit ihren Hufen melken.
Ohei! – – Uha!

Joachim Ringelnatz

Volkslied

Wenn ich zwei Vöglein wär
und auch vier Flügel hätt,
flög die eine Hälfte zu dir.
Und die andere, die ging auch zu Bett,
aber hier zu Haus bei mir.

Wenn ich einen Flügel hätt
und gar kein Vöglein wär,
verkaufte ich ihn dir
und kaufte mir dafür ein Klavier.

Wenn ich kein Flügel wär
(linker Flügel beim Militär)
und auch keinen Vogel hätt,
flög ich zu dir.
Da's aber nicht kann sein,
bleib ich im eignen Bett
allein zu zwein.

Joachim Ringelnatz

Der Hund Juno

Unser Hund,
der Juno heißt,
hat noch nie gebissen.
Doch ich möchte wissen,
ob der Hund,
der Juno heißt,
einen Mann,
der Kuno heißt,
doch mal in den Hintern beißt?

Arno Reinfrank

Mechanisierung

Abends vor dem Einschlafen
beginne ich Schafe zu zählen,
doch so bei 10 000 Schafen
beginnt mich die Frage zu quälen:

Hab ich mich verzählt?
Mir ist, als ob eins fehlt.

Seit dieser Zeit bediene
ich mit Scharfsinn und Routine
eine Einschlafschafzählmaschine.

Erwin Bruno Sandhoop

Mondlandschaft

Wache Molche suchen leise
nach dem Netz der Müdigkeit.
Weiche Dolche fluchen weise.
Eine Birke steht allein in ihrem Leid.

Kuttenmönche ohne Schatten
schleppen Feigen durch den Schnee.
Die ihn mit Zitrone hatten,
wiederkauen ihren gestrigen Tee.

Eine Kuh und eine Hexe
warten, bis der Acker stirbt.
Krähen machen weiße Kleckse.
Hört ihr, wie die mürbe Semmel zirpt?

Georg Kreisler

Dr. Enzian

Dr. Enzian begibt sich manchmal auf den Allgemeinplatz,
und da setzt er sich mit einem Freund auf eine Bank,
und dann prägt er immer irgendeinen Allgemeinsatz
(beispielsweise: „Wer gesund bleibt, wird nicht krank").
Und sein Freund, der Tierausstopfer Eugen Rüchlein,
schreibt die Sätze alle in ein Büchlein,
daß die Nachwelt später nichts verliert,
wenn der Allgemeinplatz mal bebaut wird oder parzelliert.

Manchmal nimmt sich Dr. Enzian ein wenig Zeit,
und die tut er dann in eine eiserne Kassette.
Bis er aber einen Monat ganz beisammen hätte,
meint er, dauere das eine Ewigkeit.
Anatol, sein Diener, der die Zeit verschwendet,
hat schon öfter aus dem Kästchen was entwendet.

Dr. Enzian betreibt zuzeiten einen magischen Humor:
Mittags setzt er seinen Freunden einen Floh ins Ohr,
abends zieht er ihnen dann bei einem Glase
listig lächelnd Würmer aus der Nase.

Peter Paul Althaus

Annonce

„Ein Hündchen wird gesucht,
das weder murrt noch beißt,
zerbrochne Gläser frißt
und Diamanten scheißt."

Johann Wolfgang Goethe

Ulkballaden

Hildebrand und sein Sohn Hadubrand

Hildebrand und sein Sohn Hadubrand
ritten selbander in Wut entbrannt
gegen die Seestadt Venedig.

Hildebrand und sein Sohn Hadubrand:
keiner die Seestadt Venedig fand.
Da schimpften die beiden unflätig.

Hildebrand und sein Sohn Hadubrand
ritten bis da, wo ein Wirtshaus stand,
Wirtshaus mit kühlenden Bieren.

Hildebrand und sein Sohn Hadubrand
tranken sich beid' einen Riesenbrand,
krochen heim auf allen vieren.

Josef Victor Scheffel

Ungeheurer Kampf

Don Quijote, Don Quijote,
der verkannte Weltbekannte,
trabt beim frühsten Morgenrote
auf der edlen Rosinante.

Ihn, des Rittertumes Zierde,
treibt's hinaus ins Land, ins weite;
Ruhmbegierde, Ruhmbegierde
will er sättigen im Streite.

Helden sucht der edle Don ja
zu bekämpfen, zu besiegen,
und vor seiner süßen Doña
ruhmgekrönet dann zu liegen.

Drum sucht auch der Don, der wilde,
rechts und links im finstern Grolle –
Ha, was wallt dort im Gefilde?
Ritter sind's, gehüllt in Wolle!

Ritter sind's, gehüllt in Wolle,
fromme Hammel, wiederkäuend;
und der Don, im finstern Grolle,
blicket wild und grimmig dräuend.

Blicket wild und grimmig dräuend,
eilt dahin mit Heldenmute;
fromme Ritter, wiederkäuend,
wälzen sich in ihrem Blute.

Und der Don, gar kühngemutet,
blicket stolz darein und kecklich,
daß die ganze Schar verblutet,
die so furchtbar war und schrecklich.

Ludwig Kalisch

Ballade in U-Dur

Es lebte Herr Kunz von Karfunkel
mit seiner verrunzelten Kunkel
auf seinem Schlosse Punkpunkel
in Stille und Sturm.
Seine Lebensgeschichte war dunkel,
es murmelte manch Gemunkel
um seinen Turm.

Täglich ließ er sich sehen
beim Auf- und Niedergehen
in den herrlichen Ulmenalleen
seines adligen Guts.
Zuweilen blieb er stehen
und ließ die Federn wehen
seines Freiherrnhuts.

Er war just hundert Jahre,
hatte schneeschlohweiße Haare
und kam mit sich ins klare:
Ich sterbe nicht.
Weg mit der verfluchten Bahre
und ähnlicher Leichenware!
Hol sie die Gicht!

Werd ich, neugiertrunken
ins Gartengras hingesunken,
entdeckt von dem alten Halunken,
dann grunzt er plump:
Töw, Sumpfhuhn, ick will di glieks tunken
in den Uhlenpfuhl zu den Unken,
du schrumpliger Lump.

Einst lag ich im Verstecke
im Park an der Rosenhecke,
da kam auf der Ulmenstrecke

etwas angemufft.
Ich bebe, ich erschrecke:
Ohne Sense kommt mit Geblecke
der Tod, der Schuft.

Und von der andern Seite,
mit dem Krückstock als Geleite,
in knurrigem Geschreite,
kommt auch einer her.
Der sieht nicht in die Weite,
der sieht nicht in die Breite,
geht gedankenschwer.

Hallo, du kleine Mücke,
meckert der Tod voll Tücke,
hier ist eine Gräberlücke,
hinunter ins Loch!
Erlaube, daß ich dich pflücke,
sonst hau ich dir auf die Perücke,
oller Knasterknoch!

Der alte Herr, mit Grimassen,
tut seinen Krückstock festfassen:
Was hast du hier aufzupassen,
du Uhu du!
Weg da aus meinen Gassen,
sonst will ich *dich* abschrammen lassen
zur Uriansruh!

Sein Krückstock saust behende
auf die dürren, gierigen Hände,
die Knöchel- und Knochenverbände:
Knicksknucksknacks.
Freund Hein schreit: Au, mach ein Ende,
au, au, ich lauf ins Gelände
nach Haus schnurstracks.

Noch heut lebt Herr Kunz von Karfunkel
mit seiner verrunzelten Kunkel

auf seinem Schlosse Punkpunkel
in Stille und Sturm.
Seine Lebensgeschichte ist dunkel,
es murmelt und raunt manch Gemunkel
um seinen Turm.

Detlev von Liliencron

Von Einem, der auszog, das Zittern zu erlernen

„Wüßt ich doch, wie das Zittern tut!"
So rief der Ritter Kunz vom Blut.
„Wer lehrt mich nur das Zittern?!"
Drauf trank er einen Bittern.

Schwang sich aufs Roß und ritt durchs Land,
und wo er eine Schenke fand,
befahl er einen Bittern
und rief: „Wer lehrt mich zittern?!"

Und stand ein Kloster an dem Weg,
ihn reute nicht der steile Steg.
Er frug: „Wer lehrt mich zittern?!"
Und bat um einen Bittern.

Ja, selbst den Wandrer tief im Wald,
den rief er an: „He, Bursche, halt,
wer lehrt mich nur das Zittern?!...
Und hast du einen Bittern?"

So frug er fort landein, landaus...
Und als er endlich kam nach Haus –
da hatte er das Zittern
von all den vielen Bittern.

Unbekannter Verfasser
(1908)

Ballade vom schweren Leben des Ritters Kauz vom Rabensee

Es war ein alter Ritter,
Herr Kauz vom Rabensee.
Wenn er nicht schlief, dann stritt er.
Er hieß: der Eiserne.

Sein Mantel war aus Eisen,
aus Eisen sein Habit.
Sein Schuh war auch aus Eisen.
Sein Schneider war der Schmied.

Ging er auf einer Brücke
über den Rhein – pardauz!
Sie brach in tausend Stücke.
So schwer war der Herr Kauz.

Lehnt er an einer Brüstung,
es macht sofort: pardauz!
So schwer war seine Rüstung.
So schwer war der Herr Kauz.

Und ging nach solchem Drama
zu Bett er, müd wie Blei:
sein eiserner Pyjama
brach auch das Bett entzwei.

Der Winter kam mit Schnaufen,
mit Kälte und mit Schnee.
Herr Kauz ging Schlittschuh laufen
wohl auf dem Rabensee.

Er glitt noch eine Strecke
aufs stille Eis hinaus.
Da brach er durch die Decke
und in die Worte aus:

Potz Bomben und Gewitter,
ich glaube, ich ersauf!
Dann gab der alte Ritter
sein schweres Leben auf.

Peter Hacks

Ballade

Es saß in seinem Burgverlies
der grause Ritter Riziniß,
jedoch der Ritter Rozinoß
saß stolz und kühn auf seinem Roß.

Im Burgverlies, wenn Rozinoß,
und Riziniß auf stolzem Roß,
wär' Rozinoß im Burgverlies,
auf stolzem Roß der Riziniß.

So aber sitzt auf stolzem Roß
der kühne Ritter Rozinoß,
jedoch in seinem Burgverlies,
da sitzt der grause Riziniß.

Unbekannter Verfasser
(um 1880)

Der Schneider

Als einst ein Schneider reisen soll,
weint' er und schrie er sehr:
„Ach Mutter, lebe ewig wohl,
mich siehst du nimmermehr!"

Die Mutter heult entsetzlich:
„Das lass' ich nicht geschehn!
Du sollst mir nicht so plötzlich
aus deiner Heimat gehn."

„Ach Mutter, ich muß halt von hier,
ist das nicht jämmerlich!"
– „Nein, Söhnchen, ich weiß Rat dafür,
verstecken will ich dich;
in einem Taubenschlage
verberg' ich dich, mein Kind,
bis deine Wandertage
gesund verflossen sind."

Mein guter Schneider merkt' sich dies
und tät', als ging er fort;
nahm traurig Abschied und verließ
sich auf der Mutter Wort.
Doch abends nach der Glocke
stellt' er sich wieder ein
und kroch gleich einem Bocke
in' Taubenschlag hinein.

Hier ging er – welche Wanderschaft! –
im Schlage auf und ab
und wartete, bis ihm zur Kraft
die Mutter Nudeln gab.
Bei Tag war er auf Reisen,
doch, ach, in mancher Nacht,
da hatt' er mit den Mäusen
und Ratten eine Schlacht.

Einst hatte seine Schwester Streit
nicht weit von seinem Haus,
er hört's, wie seine Schwester schreit,
und guckt zum Schlag hinaus.

Mein Schneiderlein im Hemde
macht eine Faust und droht:
„Wär' ich nicht in der Fremde,
ich schlüge dich zu Tod'!"

Christian Friedrich Daniel Schubart

Lob der edlen Musika

Ein lustiger Musikante marschierte einst am Nil,
da kroch aus dem Wasser ein großer Krokodil.
Der wollt ihn gar verschlucken, wer weiß, wie das geschah?
Juchheirasa, o tempora! Gelobet seist du jederzeit,
Frau Musika!

Da nahm der Musikante seine alten Geigen
und tät mit seinem Bogen fein darüber streichen,
allegro, dolce, presto, wer weiß, wie das geschah?
Juchheirasa, o tempora! Gelobet seist du jederzeit,
Frau Musika!

Und wie der Musikante den ersten Streich getan,
da fing der Krokodile gar schön zu tanzen an,
Menuett, Galopp und Walzer, wer weiß, wie das geschah?
Juchheirasa, o tempora! Gelobet seist du jederzeit,
Frau Musika!

Er tanzte wohl im Sande im Kreise herum
und tanzte sieben alte Pyramiden um,
denn die sind lange wacklicht, wer weiß, wie das geschah?
Juchheirasa, o tempora! Gelobet seist du jederzeit,
Frau Musika!

Und als die Pyramiden das Teufelsvieh erschlagen,
da ging er in ein Wirtshaus und sorgt' für seinen Magen,
Tokayerwein, Burgunderwein, wer weiß, wie dies geschah?
Juchheirasa, o tempora! Gelobet seist du jederzeit,
Frau Musika!

Emanuel Geibel

Der sündhaften Stadt Berlin Ende und Untergang

Dieses war im Jahre tausend
und achthundertachtzig, ach!
als der Spreefluß plötzlich brausend
hoch aus seinem Bette brach
und Berlin, die gute Stadt,
recht reichlich mit Wasser überschwommen hat.

Denn es war selbst die Umgebung
dieser schönen Residenz
ganz zerrüttet durch Bestrebung
destruktivischer Tendenz;
in der Stadt wie auf der Flur
hat man von Tugend, auf Ehre, keine Spur.

Selbst die biedern Landbebauer,
sie empfanden allemal
einen, wenn auch sanften Schauer,
sprach man ihnen von Moral;
jeder folgte seinem Triebe
nicht nur in bezug auf Spiel und Trunk, sondern auch auf freie
Liebe.

Schrecklich ist's, den Leu zu wecken,
auch der Tiger ist ein Viech!
Doch das Schrecklichste der Schrecken,
dieses ist doch sicherlich,

wenn der Mensch in seinem Wahn
plötzlich auf die krasse Idee kommt: er sei kein Untertan!

Freiheit und Gleichheit hört man schallen,
der ruhige Bürger greift zur Wehr;
und das Schlimmste dann von allen,
das ist ja die Bürgerwehr!
Sie zerreißt des Feindes Herz
und treibt, wie wir's im Jahre 48 erlebt haben, mit Entsetzen Scherz.

Alles dieses sah mit Grollen
der allgüt'ge Himmel, und
plötzlich gießt es nun mit Mollen
vierzig Tage. Keinen Hund
sieht man auf der Straße mehr,
geschweige erst einen von den 1479 Konstabulör.

Denn ein jeder dachte immer,
morgen hört gewiß es auf!
Aber nein! Es ward nur schlimmer,
immer mehr stieg's Wasser 'rauf,
jetzt schon in der Bel-Etage,
wo die Geheimräte I. Klasse wohnen und andere vornehme Bagage!

Also wuchsen stets die Fluten,
die Gefahr war schrecklich da!
Doch von seiten unsers guten
Magistrates nichts geschah:
Nur des Bürgermeisters Perücke schwamm,
als wenn gar nichts vorgefallen wäre, auf'm Mühlendamm.

Später kommen zwei Plakate:
„Wer sein Leben jetzt nicht schont
und baut Wasserbarrikaden,
wird vom Magistrat belohnt!"
Doch dies half nichts mehr anjetzt!

Weil man wußte, daß, wenn sich die Verhältnisse ändern, der Lohn wird herabgesetzt.

Immer größer brach das Übel
und die Hungersnot hervor:
Ein paar neue Wasserstiebel
kamen zwanzig Louisd'or;
dreißig kriegte, wer verlieh
einen so schadhaften, zweimal reparierten Kattun-Paraplü.

Aber mehr und mehr jetzt schwellen
die Gewässer – Not und Tod
bringt die Spree mit ihren Wellen
jedem neuen Morgenrot:
Von Berlin und seinen Witzen
sieht man jetzt – doch man muß Gott für alles danken – nur wen'ge Spitzen.

Dieses fand im Jahre tausend
und achthundertachtzig statt –
alles, was Berlin an Menschen
und an Vieh besessen hat,
ging da ein zum ew'gen Schlummer! –
Auch erschien an diesem Tage vom Intelligenzblatt die letzte Nummer.

(leicht gekürzt)
Ludwig Kalisch

Das Männlein in der Gans

Das Männlein ging spazieren einmal
auf dem Dach, ei seht doch!
Das Männlein ist hurtig, das Dach ist schmal,
gib acht, es fällt noch.
Eh' sich's versieht, fällt's vom Dach herunter
und bricht den Hals nicht, das ist ein Wunder.

Unter dem Dach steht ein Wasserzuber,
hinein fällt's nicht schlecht;
da wird es naß über und über,
ei, das geschieht ihm recht.
Da kommt die Gans gelaufen,
die wird's Männlein saufen.

Die Gans hat's Männlein 'nuntergeschluckt,
sie hat einen guten Magen;
aber das Männlein hat sie doch gedruckt,
das wollt' sie sagen.
Da schreit die Gans ganz jämmerlich;
das ist der Köchin ärgerlich.

Die Köchin wetzt das Messer,
sonst schneid't's ja nicht:
Die Gans schreit so, es ist nicht besser,
als daß man sie sticht;
wir wollen sie nehmen und schlachten
zum Braten auf Weihnachten.

Sie rupft die Gans und nimmt sie aus
und brät sie,
aber das Männlein darf nicht 'raus,
versteht sich.
Die Gans wird eben gebraten;
was kann's dem Männlein schaden?

Weihnachten kommt die Gans auf den Tisch
im Pfännlein;
der Vater tut sie 'raus und zerschneid't sie frisch.
Und das Männlein?
Wie die Gans ist zerschnitten,
kriecht's Männlein aus der Mitten.

Da springt der Vater vom Tisch auf,
da wird der Stuhl leer;
da setzt das Männlein sich drauf
und macht sich über die Gans her.

Es sagt: „Du hast mich gefressen,
jetzt will ich dich dafür essen.“

Da ißt das Männlein gewaltig drauflos,
als wären's seiner sieben;
da essen wir alle dem Männlein zum Trotz,
da ist nichts über blieben
von der ganzen Gans als ein Tätzlein,
das kriegen dort hinten die Kätzlein.

Nichts kriegt die Maus,
das Märlein ist aus.
Was ist denn das?
Ein Weihnachtsspaß;
aufs Neujahr lernst
du – was?
Den Ernst.

Friedrich Rückert

Lebensbeschreibung der morschen Eiche Hulda, von ihr selbst

Ich steh im Bistum Fulda
in einem wüsten Tal.
Ich bin die Eiche Hulda
und ein Naturdenkmal.

Ich blieb, mit hohlem Leibe,
als Rest von einem Wald.
Und wenn ich übertreibe,
bin ich schon schrecklich alt.

Ich war eine kleine Eichel
im Jahr 904.
Indes, wie ich mir schmeichel,
wurd etwas aus mir.

Die Baumschul Prinz v. Sachsen,
die war nicht weit entfernt.
Da lernte ich das Wachsen
und was man sonst so lernt.

Mich zu entlauben hinter
dem Herbst und vor dem Schnee.
Ich sah wohl tausend Winter.
Eichemine.

Ein roter Eichelkater
hat auf mir seinen Thron.
Weiß nicht, ist er sein Vater
oder sein Enkel schon?

Es kamen deutsche Wilde,
die hatten einen Zorn
und hingen ihre Schilde
auf an meinen Knorrn.

Es kamen römische Feldherrn.
Es kam der Wallenstein.
Ich sah so manchen Weltherrn,
manchen Gesangverein.

Jahrhundert um Jahrhundert
ein großes Hin und Her.
Erst hab ich mich gewundert.
Jetzt wundert mich nichts mehr.

Ich bin die Eiche Hulda
und habe den Katarrh.
Ich steh im Tal bei Fulda
und knarr.

Peter Hacks

Der letzte Ichthyosaurus

Es rauscht in den Schachtelhalmen, verdächtig leuchtet das Meer,
da schwimmt, mit Tränen im Auge, ein Ichthyosaurus daher,
ihn jammert der Zeiten Verderbnis; denn ein gar bedenklicher Ton
war neuerdings eingerissen in der Liasformation.

Der Plesiosaurus, der Alte, er jubelt in Saus und Braus,
der Pterodaktylus selber flog neulich betrunken nach Haus,
der Iguanodon, der Lümmel, wird frecher zu jeglicher Frist,
schon hat er am hellen Tage die Ichthyosaura geküßt.

Mir ahnt eine Weltkatastrophe; so kann es ja länger nicht gehn:
Was soll aus dem Lias noch werden, wenn solche Dinge geschehn.
So klagte der Ichthyosaurus, da ward es ihm kreidig zu Mut;
sein letzter Seufzer verhallte im Qualmen und Zischen der Flut.

Es starb zu derselbigen Stunde die ganze Saurierei;
sie kamen zu tief in die Kreide, da war es natürlich vorbei.
Und der uns hat gesungen dies petrefaktische Lied,
er fand's als fossiles Albumblatt auf einem Koprolith.

Josef Victor Scheffel

Kleine Banditen-Ballade

Tief in Urwald Brasiliano
auf Plantage von Banano
wohnen Signor Don Juano
mit sein Schatz.
Signor spielen Pianino,
Donna liegen, trinken Vino
auf Matratz.
Oh, prosito, sito, sito,
il finito, nito, nito,
Erster Satz.

Plötzlich krauchen aus Jasmino
mit sein altes Carabino
böser Räuber Petrolino
leis wie Katz.
Schreien: Her mit die Peseto!
Schießen Löcher in Tapeto,
batz, batz, batz.
Oh, prosito, sito, sito,
il finito, nito, nito,
Zweiter Satz.

Signor schmeißen mit Pantino,
treffen Kerze Stearino,
alles duster wie im Kino
und Rabatz.
Aber Donna mit Caracho
knallen Räuber tacho, tacho
was vor'n Latz.
Oh, prosito, sito, sito,
il finito, nito, nito,
Dritter Satz.

Mausetot sein Petrolino,
nix mehr trinken wieder Vino,
auch nix rauchen mehr Flor fino,
nix mehr Schatz!
Donna schleppen aus Baracko
bösen Räuber huckepacko
weg von Platz.
Oh, prosito, sito, sito,
il finito, nito, nito,
Vierter Satz.

Tief in Urwald Brasiliano
spielen Signor Don Juano,
Donna singen zu Piano
schön wie Katz.
Alten, bösen Banditillio
längst gefressen Krokodillio

mit sein Schatz.
Oh, prosito, sito, sito,
il finito, nito, nito,
Letzter Satz.

Fritz Grasshoff

Kugelschreiber-Jonny

Kugelschreiber-Jonny
schoß nie mit dem Colt.
Trotzdem war viel Monney
auf sein Konto gerollt.

Ohne Pistolen und Dolche
nahm er nie Deckung
und keine Schecks
ohne solche.

Er war ein Falschbuchhalter,
wie er nicht im Buche steht,
und hielt sich fest am Federhalter,
seinem einzigen Gaunergerät.

Millionen? Für ihn eine Kleinigkeit.
Und das allerwenigste war dies,
daß er falschbuchend in kurzer Zeit
jeden Chef entließ.

Erwin Bruno Sandhoop

Schauerlegenden

Pfalzgräfin Jutta

Pfalzgräfin Jutta fuhr über den Rhein
im leichten Kahn, bei Mondenschein.
Die Zofe rudert, die Gräfin spricht:
„Siehst du die sieben Leichen nicht,
die hinter uns kommen
einhergeschwommen? –
So traurig schwimmen die Toten!

Das waren Ritter voll Jugendlust –
sie sanken zärtlich an meine Brust
und schwuren mir Treue – Zur Sicherheit,
daß sie nicht brächen ihren Eid,
ließ ich sie ergreifen
sogleich und ersäufen –
So traurig schwimmen die Toten!"

Die Zofe rudert, die Gräfin lacht.
Das hallt so höhnisch durch die Nacht!
Bis an die Hüfte tauchen hervor
die Leichen und strecken die Finger empor,

wie schwörend – Sie nicken
mit gläsernen Blicken –
So traurig schwimmen die Toten!

Heinrich Heine

Eduard und Kunigunde

In Bayreuth ward er geboren,
wo sein Vater war der Schloßkast'llan;
doch den er sich zum Morden auserkoren,
war ein reicher Privatmann.

Seine Mutter, eine geborne Lerche,
hat das ganze Unglück angericht',
denn sie hielt ihn nicht zur Schule, nicht zur Kerche,
soff gar sehr und starb drum an der Gicht.

In Leipzig bei einem Schustermeister
lernte er das grasse Metier,
warf der Meisterin den Topf mit Kleister
an den Kopf und schumpf ihr: „Bestie!"

Gottlob Käsemeyer huß der Arme –
sechzehn Messerstich durch Arm und Brust
gab er ihm, daß Gott erbarme!
Und sein Lebenslicht war ausgepust.

Kunigunde, seine Vielgeliebte,
trug noch größre Schändlichkeit zur Schau,
denn mit einem Strumpfenband verübte
sie den Mord an Käsemeyers Frau.

Sieh, o Mensch, im Hintergrunde
einen Galgen aufgericht'!
Daran hängt die schöne Kunigunde,
eben durch des Henkers Hand verblicht.

Mit gelassener, kaltblüt'ger Miene
besteigt Eduard das Blutgerüst,
wirft noch einen Blick nach seiner Konkubine,
aber stirbt doch als ein guter Christ.

Ein Schandarm mit schnurrig-bärt'ger Miene
gibt dem Unglücksel'gen einen Klaps –
geht darauf zur Marketenderin Kathrine
und verlangt kaltlächelnd einen Schnaps.

Diese Grausamkeit erregt im Publikume
lautes Murmeln ringsumher –
da dreht sich der Schandarm wütend ume,
und's verstummen alle Murmeler.

Drum, o Mensch, bezähme deine Triebe
hier in dieser Zeitlichkeit,
denn das sind die Folgen von der Liebe
und der mütterlichen Trunkenboldenhaftigkeit!

Unbekannter Verfasser
(um 1850)

Der Degen des Junkers von Blasewitz

Eine Ballade mit Moral

Auf der Straße, sehr entlegen,
wandelt ohne viel Geflunker
mit dem langen, spitzen Degen
stolz von Blasewitz, der Junker.

Nicht sehr fern von diesem Flecke
wandelt eine holde Dame
ebenfalls nach einer Ecke –
nichts zur Sache tut ihr Name.

Da nun an der Ecke scheiden
sich zwei Wege fast gewöhnlich,
treffen plötzlich sich die beiden,
nicht bekannt sich noch persönlich,

treten sich so rasch entgegen,
daß – o weinet laut, ihr Musen! –
stracks des Junkers spitzer Degen
sticht die Dame durch den Busen.

Sterben muß sie unbedachtsam –
man bedenke nur den Schrecken!
Auf der Straße drum sei achtsam,
ganz besonders an den Ecken!

Unbekannter Verfasser
(um 1840)

Romanze vom nützlichen Soldaten

Rieke näht auf die Maschine,
Nischke ist bei's Militär;
dennoch aber ließ sie ihne
niemals nahe bei sich her.

Wozu – fragt sie oft verächtlich –
wozu nützt mich der Soldat,
wenn man bloß durch ihn hauptsächlich
soviel hohe Steuern hat?

Einstmals ging sie in das Holze;
Nischke wollte gerne mit,
aber nein, partout nicht wollt'se,
daß er ihr dahin beglitt.

Plötzlich springt aus dem Gebüsche
auf ihr zu ein alter Strolch:
stiere Augen wie die Fische,
kalte Hände wie der Molch.

Runter, schreit er, mit die Kleider,
denn sie lebt im Überfluß;
da ich ein Fabrikarbeiter,
der sich was verdienen muß!

Zitternd löst sich der Tournür,
weinend fällt das Kleid und Röckchen,
nur ein kurzes Unterglöckchen
schützt vor Scham und Kälte ihr.

Aber jetzt, da tönt es: Halte!
Und ein scharfer Säbel blunk.
Aufgeschlitzt mit einer Spalte
floh sich brüllend der Halunk'.

Dies tat Nischke, der trotz allem
Rieken heimlich nachgeschleicht,
die sich unter Dankeslallen
jetzt um seinen Hals verzweigt.

Oh, ihr Mädchen, laßt euch raten,
ehrt und liebet den Soldat,
weil er sonst for seine Taten
nicht viel zu verzehren hat.

Wilhelm Busch

Zuverlässige Geschichte von einem in der Hitze der Begeisterung mit einem Federmesser sich selbst geblendeten Dichter nebst einem angehängten wohlmeinenden Warnungsmittel

Ein Geist, den man schon viele Jahre
gedruckt bei Käsekrämern fand,
der beim Altar und bei der Bahre
im Sold als Tagelöhner stand,

verstieg sich, weil er viel geschmieret,
zur Epopoe, zum Trauerspiel,
und sang, wie's Dichtern heut gebühret,
auch in Hexametern sehr viel.

Zwar trafen schreckliche Gerichte
des strengen Tadels seinen Witz;
es donnerte auf die Gedichte,
in jede Zeile schlug ein Blitz.

Vom Tadel wund, ging es dem Sänger
wie dem, den die Tarantel sticht;
der tanzet heftiger und länger,
der schrieb ein längeres Gedicht.

Durch Wunder, Galgen, Schwert und Räder
hat er das Mitleid oft erweckt;
denn in den Fingern, in der Feder
saß ihm Begeistrung und Affekt.

Nun, da die Heldin seiner Bühne
wie sich's gebührt, affektenvoll,
mit einer Eumenidenmiene
die Haare sich ausraufen soll;

nun, nun wird sein Affekt auch größer –
der Kiel wird stumpf – er nimmt voll Wut
sein ungeheures Federmesser –
seht, Dichter! was Begeistrung tut!

Der Stahl, geschärft auf blankem Leder,
fuhr aus der Scheide wild heraus,
fuhr durch die Nase von der Feder,
von dort ins Aug' und stieß es aus.

Laß dies Exempel viele rühren,
mein dichterreiches Vaterland! –
O habt kein Auge zu verlieren,
Affekt im Kopf, nicht in der Hand.

Johann Friedrich Löwen

Schreckliche Folgen eines Bleistifts

1

O Madrid, ich muß dich hassen,
denn du hast ihn schnöd verkannt,
den Murillo seinen besten
Schüler stets mit Stolz genannt.

Keiner hatte wie Pedrillo
dieses lange Lockenspiel,
keiner trug Hispaniens Mantel
mit so vielem Kunstgefühl;

keiner wiegte auf dem Haupte
solchen hohen, spitzen Hut,
und das edle Bleistiftspitzen
konnt' er aus dem Grunde gut.

Meistens nahm er Nro. 7,
und mit kunstgeübter Hand
spitzt' er ihn an beiden Enden,
weil er dieses praktisch fand.

Einstmals merkte dies Murillo,
und er sprach mit ernstem Ton:
„Was ich eben da bemerke,
das gefällt mir nicht, mein Sohn;

denn ich glaube, daß du hierin
sehr auf falschem Wege bist,
weil es erstens sehr gefährlich,
zweitens auch nicht nötig ist."

Doch Pedrillo (wie gewöhnlich
diese jungen Leute sind)
schlug Murillos weise Lehre
lirum, larum! in den Wind.

2

Übrigens (das muß man sagen)
was die edle Kunst betraf,
überhaupt in seinem Fache,
war Pedrillo wirklich brav.

So z. B. die Madonna;
ja, wer hätte das gedacht?
Selbst der große Don Murillo
hätte Bessres nicht gemacht.

Aber so was kostet Mühe,
und es kostet auch noch Geld,
denn Pedrillo hatte häufig
sich dazu Modell bestellt.

Sie war eine Schneiderstochter
aus der Vorstadt von Madrid,
schwarze Augen, blonde Flechten
brachte dieses Mädchen mit.

Als Pedrillo nun gemalet
dieses Mädchen als Porträt,
war der große Don Murillo
auch nicht ungern in der Näh.

Früh vom Morgen bis zum Abend
unterweist der Meister ihn,
und Pedrillo folgte willig
stets mit eifrigem Bemühn.

Aber abends, wo ein jeder
gerne seine Ruhe hat,
führt' Pedrillo jenes Mädchen
oft spazieren vor die Stadt.

Einstmals merkte dies Murillo,
und er sprach mit ernstem Ton:
„Was ich eben da bemerke,
das gefällt mir nicht, mein Sohn;

denn ich glaube, daß du hierin
sehr auf falschem Wege bist,
weil es erstens sehr gefährlich,
zweitens auch nicht nötig ist."

Doch Pedrillo (wie gewöhnlich
diese jungen Leute sind)
schlug Murillos weise Lehre
lirum, larum! in den Wind.

3

Schon am nächsten Donnerstage,
als ein schöner Abend war,
sah man draußen vor dem Tore
dieses pflichtvergessne Paar.

Zu dem dort'gen Myrtenhaine
gingen sie im Mondeslicht,
aber keiner sah sie wieder,
wenigstens lebendig nicht.

Denn es sprach zu ihr Pedrillo:
„Sprich, Geliebte, liebst du mich?“
Und sie preßt’ ihn an den Busen,
sprechend: „Ja, ich liebe dich!“

„Au!“ schrie plötzlich da Pedrillo,
und das Mädchen schrie es auch;
tödlich fielen beide nieder
unter einem Myrtenstrauch.

Keiner wußte, was geschehen,
bis des Morgens in der Früh;
denn da kam ein alter Klausner
durch den Wald und merkte sie.

Und als er die beiden Leichen
in der Nähe sich besah,
fand er alles sehr natürlich,
denn, ach Gott! was fand er da?

Ach! ein Bleistift Nro. 7,
den Pedrillo zugespitzt,
zugespitzt an beiden Enden,
hatte dieses Blut verspritzt.

Als Murillo dies vernommen,
sprach er sanft und weinte sehr:
„Ach! O Jüngling, spitze niemals
einen harten Bleistift mehr!

Führe Mädchen nie spazieren,
denn dies Beispiel zeigt es klar,
daß es erstens sehr gefährlich,
zweitens auch nicht nötig war.“

Wilhelm Busch

Der Spaziergang im Walde

Zwei Löwen gingen einst selband
in einem Wald spazoren
und haben da vor Wut entbrannt
einander aufgezohren.

Da kamen eines Tags daher
des Wegs zwei Leute, edel,
die fanden von dem Kampf nichts mehr
als beider Löwen Wedel.

Daraus geht nun für groß und klein
die weise Lehr' hervor:
Selbst mit dem besten Freunde dein
im Walde nie spazor!

Unbekannter Verfasser
(um 1860)

Der Butterräuber von Halberstadt

Durch des Huywalds finstre Gründe,
auf naturverschlungnem Pfad,
wandert eine alte Butterfrau
zum Markt nach Halberstadt.

Huh, da plötzlich stürmt des Waldes
kühner Sohn aus dem Geheg,
scharf bewehrt bis an die Zähne,
und vertritt ihr flugs den Weg.

„Sind Sie", fragt die Frau erblassend,
einer dunklen Ahnung voll,
„nicht vielleicht der Räuber Heising,
der allhier grassieren soll?"

„Ja, ich bin's, du Unglücksel'ge,
ja, ich bin's, der sich dir zeigt,
und du bist diejen'ge welche
nimmer meinem Grimm entfleucht!

Denn mit hochwillkomm'nem Futter
nahst du mir zu guter Stund!"
Sprach's und schnitt von ihrer Butter
schweigend sich ein ganzes Pfund.

Und wie Schuppen von den Augen
fiel's der Butterfrau sogleich.
„Sie sind Heising", rief sie zitternd.
„Bin es!" sprach der Räuber bleich.

„Bin's und sage dir noch dieses:
Meinem Mordstahl fallest du,
bringst du mir nicht auf dem Rückweg
Brot und Schlackwurst noch dazu!"

Und die Frau erfaßt ein Grauen,
weiß nicht recht, was sie beginnt;
und der Heising zieht waldeinwärts,
über Stoppeln streicht der Wind.

Schlimme Zeichen schlimmer Zeiten,
wie man nie erlebt sie hat,
wenn ein Räuber solchen Unfug
treibt, so nah bei Halberstadt!

Unbekannter Verfasser

Kalifornisches Nachtstück

Wir harreten der Kutsch' am Waldessaum
und spielten Monte unterm Fichtenbaum,
der Stunden trägen Lauf zu fördern;
ich, Higgins, der die Bank erbrach bei Nacht,
Bill Taylor, der den Farmer umgebracht,
nebst sechs bis sieben andern Mördern.

Jetzt Hufestampfen. – „Flink! Sie rollt heran.
Die Büchsen hoch! Ein jeder seinen Mann!
Der Mond bricht durch. – Drauf ohne Säumen! –
Damnation! – Nicht ein einzig Stück Gepäck! –
Drin alles leer, und nur in einer Eck'
ein Mütterlein in sanften Träumen!"

Da schmolz die Kruste vom Verbrecherherz;
die Büchse sank. Wir schlichen heimatwärts;
gebrochen war der sünd'ge Wille.
„Auf morgen, Burschen, heute laßt es sein!" –
Und wankten trüben Muts zur Schenk' hinein
und tranken Grog und weinten stille.

Unbekannter Verfasser
(um 1880)

Der zerstreute Barbier

Zum ersten Mal ist gestern
sie freundlich ihm genaht –
und heut muß er rasieren
den alten Kommerzienrat!

Und wie er's Rasierzeug auspackt,
da denkt er nur an sie;
und wie er den Kunden einseift,
da wird ihm, er weiß nicht wie.

Und wie er wetzt das Messer,
da hält er es schon verkehrt;
und wie er beginnt zu schneiden,
da lächelt er still verklärt.

Und tief und tiefer schneidet
er lächelnd ins Fleisch hinein;
der alte Herr in Gedanken
denkt auch, es müsse so sein.

Da fällt ein Kopf herunter,
da sprudelt ein Brünnlein rot. –
So geht's, wenn Barbiere lieben!
Der alte Herr war tot.

Unbekannter Verfasser

Liebe und Hanfzwirn

Am Ufer des Stromes, da wandelten zwei,
sie blickten zum Monde und seufzten dabei.
Da plötzlich die Dame, die reizende, spricht:
„O pflücke mir dieses Vergißmeinnicht!"
Rasch springt der Herr zu des Stromes Strand,
schon hält er das Blümchen in seiner Hand –
doch weh, er gleitet, da liegt im Strom
mitsamt dem Blümchen der Galanthomme.
Die Dame mit einem entsetzlichen Schrei,
statt in Ohnmacht zu fallen, springt rasch herbei.
Fast war er versunken, zum Glück jedoch
an einem Knopfe erhascht sie ihn noch.
Schon glaubt sie gerettet den jungen Mann,
der selbstverständlich nicht schwimmen kann –
da reißt – aufs neue ertönet ein Schrei –
der wollene Faden des Knopfes entzwei.
Der Heißgeliebte im Strome verschwand,
sie aber hielt den Knopf in der Hand.

Indessen besann sich die Dame nicht lang,
bis sie selber ins tosende Wasser sich schwang.
Und Er und Sie und Sie und Er,
sie schwammen als Leichen ins weite Meer.

Ihr Schneider! präget euch das ins Hirn
und nehmt zu den Knöpfen stets leinenen Zwirn.
Bedenket, welch Glück sich hätt' können entfalten,
hätt' hier in dem Falle der Knopf gehalten.
So aber, weil der Faden gerissen,
hat der Schneider zwei Leben auf dem Gewissen.

Unbekannter Verfasser
(um 1895)

Technisches Versagen

Sie war ein Mädchen von achtzehn Jahren,
verführt von einer Jünglingshand.
Sie mußte schon so früh erfahren,
was falsche Liebe angebrannt.

Sie liebte ihn mit ihrem Herzen,
doch er, er war ein Bösewicht.
Da fühlte sie mit tausend Schmerzen:
Er, der Geliebte, liebt mich nicht!

Von Hamburg ging sie bis nach Bremen,
von dort bis an die Eisenbahn.
Sie wollt' ihr Haupt auf Schienen legen,
bis daß der Zug aus Barmbeck kam.

Jedoch der Schaffner sah's von ferne,
er bremste mit gewaltger Hand.
Jedoch, der Zug, er blieb nicht stehen. –
Ein Haupt rollt blutrot in den Sand.

Volksweise
(um 1860)

Die Leiche im Walde

Nacht lag überm Waldesschweigen,
graue Nacht. Es schlich der bleiche
Vollmond über schwanken Zweigen,
fahl beleuchtend eine Leiche.
Um die modernden Gebeine
scholl der Krähen krächzend Klagen.
Ach, in diese stillen Haine
hatten mehr ihr Leid getragen.
Ihn, der dort am Baume schwebte,
wo des Waldes Schwarz sich lichtet,
ihn, der fromm und friedlich lebte,
hatt' ein Weib zugrund gerichtet.
Um sie warb er täglich, stündlich,
daß sie sich mit ihm vermähle.
Rätselhaft und unergründlich
ist jedoch die Frauenseele.
Daß den Nachbarn sie umarme,
war's, was erst ihm Lüge deuchte,
bis er, schier erdrückt von Harme,
nächtens ihr ins Fenster äugte.
Anfangs trug er seinen Kummer
tiefbetrübt in eine Schenke,
hoffend, daß im Weinesschlummer
er nicht mehr der Liebsten denke.
Aber bald ward's ihm begreiflich:
hin zum Glück führt keine Brücke.
Eh' er's noch bedachte reiflich,
griff er dann verzagt zum Stricke.
Eine Leiche hing er schließlich
mondhell in des Waldes Lichtung,
keinem in der Welt ersprießlich
als nur mir für meine Dichtung.

Erich Mühsam

Epitaph

Hier ruhen siebenundzwanzig Jungfrauen aus Stralsund,
denen ward durch einen Interpreten des Dichters neueste
Dichtung kund.
Die hat die empfindsamen Mädchenherzen so sehr begeistert,
daß auch nicht eine mehr ihr Gefühl bemeistert.
Man hängte sich teils auf, teils ging man in die See.
Nur eine ging zum Dichter selbst. (Und zwar aufs Kanapee.)

Klabund (d. i. Alfred Henschke)

Die Fotografen-Moritat

Lenchen ging zum Fotografen,
denn sie wünschte ein Porträt,
wo sie drauf für ihren braven
Funker Fritz sich ähnlich säh'.

Möglichst schön soll der sie finden,
drum von vorn und im Profil,
links und rechts und auch von hinten
reizend war ihr Mienenspiel.

Und der Fotograf, Herr Lammer,
nahm sie, weil sie darum bat,
mit in seine Dunkelkammer,
wo er sie entwickeln tat.

Halb entwickelt erst im Bade
schwamm sie rum als Negativ,
als durch Zufall ihr Soldate
vorn im Atelierraum rief:

„Ist denn keiner hier im Laden,
daß ich mich einmal en face,
wie doch alle Kameraden,
für mein Lenchen knipsen lass'?"

Lenchen stürzte aus der Kammer,
schmiegte sich um seinen Hals,
und der Fotograf, Herr Lammer,
zeigte sich nun ebenfalls.

Fritz, der vom Entwickeln, Wässern
und Fixieren nichts versteht,
glaubt, daß sie mit diesem bessern
Herrn ihn schändlich hintergeht!

Riß den Säbel aus der Scheide,
Lammer griff ein Blechstativ,
und so fochten sie nun beide,
während Lenchen „Hilfe!" rief.

Fochten, daß die Funken stieben,
Lammer ward erst her und hin,
dann im Kreis ums Faß getrieben,
wo das Blitzlichtpulver drin.

Und ein Funke fiel in selbes,
daß es zischt und kracht und pufft.
Rotes sah man, Schwarzes, Gelbes,
denn das Haus flog in die Luft.

Ach, was ist es für ein Jammer,
wenn ein Bräutigam so dumm,
daß er von der Dunkelkammer
gar nicht weiß, wozu, warum.

Lieben könnten und vermehren
sie sich heut noch durch ein Kind,
wenn sie nicht gestorben wären,
was sie aber leider sind.

Ernst Klotz

Moritat vom eiskalten Gasanstalts-direktor

Es war einmal ein Gasanstaltsdirektor,
der sprach zu seinem Gasanstaltsinspektor:
Es ist so lausig kalt
in unsrer Gasanstalt,
steck den Behälter an,
daß ich mich wärmen kann.

Gesagt, getan. Der Mann war ein Getreuer,
drum machte er befehlsgemäß gleich Feuer.
Das Feuer brannte schön
und war sehr weit zu sehn,
und wo es einst gebrannt,
da ist ein Loch im Land.

Im Himmel sprach der Gasanstaltsdirektor
alsbald zu seinem Gasanstaltsinspektor:
Es war nur halb so kalt
in unsrer Gasanstalt.
Ich wollt', ich wär' noch da,
hallelujah.

Fritz Grasshoff

Herz-Scherz-Romanzen

Romanze aus der Schachtelhalmperiode

Es ging an einem Morgen klar
des Wegs ein Affenmenschenpaar.

Und auf dem Wege kam es bald
in einen Schachtelhalmenwald.

Der Tag war schön, vom Kreidemeer
weht angenehm ein Lüftchen her.

Er fletscht sie an: „Ich liebe dich!"
Da schnuppert sie: „Hier hast du mich!"

O Urweltseelensympathie!
„Ha! Welche Wonne!" grunzen sie.

Doch als ihr Grunzen kaum verhallt,
erbebt der Schachtelhalmenwald.

Es stürmt heran durch Dünn und Dick
ein Heer von Mammuts (50 Stück).

Und als das Heer vorüber war –
wo ist das Affenmenschenpaar?

Das leider lag am Boden, schier
zertreten, platt wie Briefpapier.

Da sprach ein altes Mastodon
mit weisem Ton: „Das kommt davon!"

So folgte oft nach Liebe Leid
schon in der Schachtelhalmenzeit.

Unbekannter Verfasser
(1869)

Prähistorische Ballade

Ein Ichthyosaur sich wälzte am schlammigen, mulstrigen Sumpf.
Ihm war in der Tiefe der Seele so säuerlich, saurisch und dumpf;
so dämlich, so zäh und so traurig, so schwer und so bleiern und stumpf.
Er stürzte sich in das Moorbad mit plätscherndem, tappigem Plumpf.
Da sah er der Ichthyosaurin, so zart und so rund und so schlank,
ins schmachtende Eidechsenauge; da ward er vor Liebe krank.
Da zog es ihn hin zu der Holden durchs klebrige Urwaldgemüs,
da ward aus dem Ichthyosauren der zärtlichste Ichthyosüß.

Friedrich Theodor Vischer

Eine traurige Geschichte

Ein Hering liebt' eine Auster
im kühlen Meeresgrund;
es war sein Dichten und Trachten
ein Kuß von ihrem Mund.

Die Auster, die war spröde,
sie blieb in ihrem Haus;
ob der Hering sang und seufzte,
sie schaute nicht heraus.

Nur eines Tages erschloß sie
ihr duftig Schalenpaar;
sie wollt' im Meeresspiegel
beschauen ihr Antlitz klar.

Schnell kam der Hering geschwommen,
streckt seinen Kopf herein
und dacht', an einem Kusse
in Ehren sich zu freun.

O Harung, armer Harung,
wie schwer bist du blamiert!
– Sie schloß in Wut die Schalen,
da war er guillotiniert.

Jetzt schwamm sein toter Leichnam
wehmütig im grünen Meer
und dacht': „In meinem Leben
lieb' ich keine Auster mehr!"

Josef Victor Scheffel

Don Fadrique

Don Fadrique bringt ein Ständchen
der possierlichen Pepita:
„Liebchen, strecke durch die Türe
deines Füßchens Spitze nur!“

Und die drollige Pepita
streckt durch eine schmale Spalte
eines allerliebsten Fußes
weißes Spitzchen in die Luft.

Don Fadrique krümmt den Rücken,
will das weiße Spitzchen küssen,
Knabe Amor steht beiseite,
der den Bogen lachend spannt.

Nach dem ewigjungen Herzen
zielt er, doch wer lacht, der zielt schlecht.
In des Ritters alten Rücken
schießt er einen Hexenschuß.

Don Fadriques Knochen rasseln,
Don Fadrique stürzt zusammen,
Figaro holt eine Sänfte,
Figaro bringt ihn zu Bett.

„Frommer Bruder Agostino,
exorziere mir das frevle
allerliebste weiße Füßchen,
das durch meine Beichte tanzt!“

Don Fadrique sucht den Hades,
zierlich schreitend wie ein Stutzer,
tänzelnd leuchtet ihm ein weißes
Füßchen durch die Unterwelt.

Conrad Ferdinand Meyer

Don Ranudo
oder Die Stunde der Erhabenheit

Don Ranudo Pimpernello
wollte einst in Pampeluna
eine runde Witwe freien:
Donna Schlampa del Kattuna.

Und er schreitet mondbeleuchtet
zur entzückenden Estrade,
wo im wundervollen Baumschlag
sie bewirkt die Promenade.

Welche Haltung, welche Locken!
Solches ist nicht alle Tage.
Im Kostüme des Hidalgo
naht er ihr mit süßer Frage.

„Euer Antrag, Don Ranudo",
spricht sie, „macht uns beiden Ehre,
doch verdächtig gehn Gerüchte
über Eures Beutels Leere!

Anders würd' ich gern mit Euch nur
durch das edle Leben eilen,
Eure Freuden, Eure Schmerzen,
Eure stolze Wohnung teilen!"

Also tönt die runde Stimme
wie von zauberischem Cello:
„Gebt mir Wahrheit, Don Ranudo,
Don Ranudo Pimpernello!"

Und Ranudo Pimpernello
spricht mit spanischem Akzente:
„Prüfet selber, ich verachte
alle schnöden Sparglamente!

Seht, wie kunstvoll, wie erhaben
dieser Beutel hier gestrickt ist
von der Muhme meines Vaters,
die der Erde nun entrückt ist!

Leere herrschet zwar, indessen
nicht der Mammon, Donna Schlampa,
sondern nur die Kunst erleuchtet
dieses Daseins öde Rampa!"

„Alle Achtung!" haucht Kattuna,
„hoch verehr' ich das Gestrickte.
Aber Herr, in Pampeluna
ist man mehr für das Gespickte!

Was sie strickte, Eure Ahnfrau,
hoch verehr' ich's, doch zum Zahlen
Eurer Schulden, meiner Schulden
passen spanische Realen."

„Wenn Ihr so dem Realismo
huldiget, dem unbestrickten,
so verzicht' ich auf die Ehre,
aber nehmt den – Ungespickten!

Nehmt ihn, Donna, zum Gedächtnis",
ruft Ranudo und verduftet,
„dieser anmutvollen Stunde –
Böses hat er nie gestuftet!"

Böses hat er nie gestuftet,
wenigstens in Pampeluna,
keine Heirat – stöhnt voll Lyrik
Donna Schlampa del Kattuna.

Und sie bückt sich zu dem Kunstwerk,
das zu Boden war gefallen;
leise knirschend stampft die Holde
mit dem Fuße beim Erkrallen.

Und sie schielet auf das Kunstwerk
aus verblichner Seid' und Glattsamt,
schiebt's in den brillanten Busen
und enthumpelt aufs Versatzamt.

Ludwig Eichrodt

Wohin das Böse führt

Alfonso von Mendoza, Hispaniens stolzer Grand,
war Gatte Isabellens, Kastiliens Stern genannt;
ein Stamm Er, längst verdorret, dem mehr kein Reis entsprießt,
Sie wie der Rose Knospe, die sich dem Lenz erschließt;
Er wie der Gletscher eisig, dess' Hauch Erstarrung bringt,
Sie wie die Sonne wärmend, die mild das All durchdringt.
Die Holde war gezwungen gefolgt ihm zum Altar
und lebt' an seiner Seite an Glück und Liebe bar,
und all die Pracht und Flimmer, mit der er sie umgab,
deucht ihr wie Mondesschimmer auf einem Marmorgrab.

Da kam aus fernen Landen Alfonsos Neff' zurück,
und beider Herzen fanden sich mit dem ersten Blick;
manch feuchter Strahl des Auges, manch leiser Druck der Hand,
er knüpfte immer enger das zauberische Band;
doch konnten sie ihr Fühlen sich niemals auch gestehn,
sie wußten, daß scharfe Augen sie immerdar umspähn;
was aber das Licht verriete, verbirgt die dunkle Nacht,
und jeder Ruf der Sitte schweigt vor der Liebe Macht.

Ihm ward die süße Botschaft aus wohlvertrautem Mund:
„Der Liebe Sonne strahlet am hellsten in nächt'ger Stund."
Die Zofe wartet seiner an des Palastes Tor
und führt durch finstere Gänge ihn zur Geliebten empor –
schon sind sie am Gemache, wo sehnend sein' sie harrt,
er drückt die Klinke bebend – Entsetzen! – die Türe knarrt –
schnell läuft bei ihrem Kreischen zusammen, was lebt im Haus,
ein Flegel von Major Domus warf ihn zum Tempel hinaus. –

Daraus erhellet klärlich, wohin das Böse führt
und wie es sehr gefährlich, so man die Tür nicht schmiert.

Crassus (d. i. Sigmund Krassberger)

Spanische Serenade

Petronella! Stern der Sterne!
Kind der Rosen und der Lilien!
Blumenholde! Blütenschöne!
Reinste Perle von Kastilien!
Einen Kuß nur, eh ich sterbe,
einen Kuß von Euren Lippen!
Laßt den Falter vor dem Tode
einmal nur am Kelche nippen!

Sonst – beim Zauber Eures Wesens,
das so mächtig mich gebannt hält!
bei dem Glanz des dunklen Auges,
dem kein Staubgeborner standhält! –
sonst – beim Schimmer Eurer Locken,
bei den Reizen Eurer Seele! –
jag ich hier zu Euren Füßen
mir den Degen durch die Kehle!

Mag das Blut verschmähter Liebe
Eure Schleppe dann umsprudeln!
Mag das Naß zerstörten Lebens
Euren Teppich dann besudeln!
Lest die Firma hier am Griffe!
Geht mit Eurem Stolz zu Rate!
Ha! Begreift Ihr? Nicht vergeblich
zückt man solche Fabrikate!

Anmerkung: Der Degen war aus der altrenommierten Waffenhandlung der Gebrüder Vielgeschrey, New York, Broadway Nr. 79 993, die sich zur Ausführung von Aufträgen aller Art bestens empfiehlt.

Unbekannter Verfasser
(um 1880)

Donna Magdalena Solar

Donna Magdalena Solar
trägt im Herzen tiefste Wunden;
denn es ist ihr Vielgeliebter
plötzlich ohne Spur verschwunden.

Unter Mandelblütenregen
schwur er oft ihr ew'ge Treue;
doch eh' noch die Mandeln reiften,
wich die Liebe schon der Reue.

Unterm Mandelblütenregen
schien kein Erdensohn ihr wahrer;
doch bevor die Mandeln reiften,
über alle Berge war er.

Unerträglich ist das Leben
drum der Donna jetzt geworden.
und sie findet nichts gerat'ner,
als sich schleunigst zu selbstmorden.

Um die mitternächt'ge Stunde
eilt sie – aufgelösten Haares –
zu dem Ufer hin des Flusses,
den man nennet Manzanares.

Als das Flußbett sie erreicht hat,
steht bestürzt sie an der Stätte.
Wohl sieht sie das Bett des Flusses,
doch der Fluß ist nicht im Bette.

Solche trockne Späße sind dem
Manzanares sehr geläufig;
dann und wann ist er anwesend,
doch abwesend ist er häufig.

„Armer Fluß!" so ruft die Donna.
„Hat auch dich verschmähtes Lieben
in die bitterste Verzweiflung
und vom Bett, wie mich, getrieben?

Doch gleichviel! Als Wink des Schicksals
dieses leere Bett betracht' ich.
Ungeselbstmord't will ich bleiben.
und den Ungetreu'n veracht' ich!"

Spricht's. Und dann verzweiflungsohne
säumt sie nicht, nach Haus zu wandern;
und als kaum die Mandeln reiften,
küßte sie schon einen andern.

Ludwig Kalisch

Hildegard und Balduin oder Die Uhr schlägt keinen Glücklichen

In der Laube von Jasmin
saß im stillen Lieben
Hildegard und Balduin –
Horch! da schlug es sieben!

Wie aus einem langen Traum
plötzlich sie erwachte,
ihren Augen traut sie kaum –
Horch! da schlug es achte!

„Willst du" – rief er – „willst du ganz
ewig sein die Meine?"
„Nie!" rief sie im Abendglanz –
Horch! da schlug es neune!

Und des Nachtgotts dunkles Roß
schüttelte die Mähne.
„Laß mich!“ rief sie, riß sich los –
Horch! da schlug es zehne!

Klappernd floh ins Schilf der Storch,
und der Mond schien gelber:
„Falsches Weib!“ rief er – und horch!
Jetzt schlug er sie selber!

W. Drost

Liedchen, zu singen, wenn einem beim Passieren einer beliebigen Straße aus der vierten Etage eines beliebigen Hauses ein Oleandertopf auf den Kopf fällt

NB: Es ist ratsam, so lange mit dem Vortrag zu warten, bis man wieder zur Besinnung gekommen ist.

Still geh ich meines Weges,
da fällt mir auf den Kopf
wohl aus der vierten Etage
ein Oleandertopf.

Mein Hut ist ganz vernichtet
und schwer verletzt mein Kopf.
Zerknickt ist der Oleander,
in Scherben ging der Topf.

Und unter grimmigen Schmerzen
geht es mir durch den Kopf:
War das ein Scherz vom Liebchen
oder Zufall mit dem Topf?

Unbekannter Verfasser
(1869)

Ständchen

Der Abend ist so mild und schön.
Was hört man da für ein Getön??
  Sei ruhig, Liebchen, das bin ich,
  dein Dieterich,
  dein Dieterich singt so inniglich!!
Nun kramst du wohl bei Lampenschein
herum in deinem Kämmerlein;
nun legst du ab der Locken Fülle,
das Oberkleid, die Unterhülle;
nun kleidest du die Glieder wieder
in reines Weiß und legst dich nieder.
Oh, wenn dein Busen sanft sich hebt,
so denk, daß dich mein Geist umschwebt.
Und kommt vielleicht ein kleiner Floh
und krabbelt so –
  sei ruhig, Liebchen, das bin ich,
  dein Dieterich,
  dein Dieterich, der umflattert dich!!

Wilhelm Busch

Keine Ballade

's war keine wundervolle Sommernacht,
kein Mond ging auf in majestät'scher Pracht,
es ging kein Liebespaar durch jenen dunklen Wald,
es lauscht kein Nebenbuhler dort im Hinterhalt,
sie setzen sich sogar auf keine grüne Bank,
von ferne hört man nicht des Abendglöckleins Klang,
kein Häschen schreckte auf durch fernen Posthornschall,
im dunklen Fliederbusch sang keine Nachtigall,
es zog kein junger Bursch vorbei an Liebchens Haus,
es guckt kein Lockenkopf zum kleinen Fenster raus,

kein Kettenhund war da, zu schützen seinen Herrn,
am hohen Himmelszelt erglänzte auch kein Stern,
aus jenem Felsen dort entsprang kein Bächlein klar,
nicht mal die Sonne schien – weil überhaupt nichts war!

Unbekannter Verfasser
(um 1890)

Stallknecht und Viehmagd

Carmen bucolicon

Die Bärin wohnt im tiefen Walde,
im tiefen Wald wohnt auch der Bär,
und an demselben Aufenthalte,
da wohnen Bären bald noch mehr.

Und im Olymp, da wohnen Götter,
darunter Venus und Apoll;
dort hat man ewig schönes Wetter,
und jeder Gott ist liebevoll.

Auf ödem Felde schafft die Viehmagd,
tut ob der Arbeit manchen Schrei,
jedoch Cupido, der sich nie plagt,
wälzt sich im Grase nebenbei.

Nun kommt der Stallknecht mit den Kühen;
auch Ochsen ziehen an dem Pflug,
doch muß er selbst das meiste ziehen,
dann geht es eben flott genug.

Cupido duckt sich listig nieder,
er legt den Bogen an mit Lust
und schießt die Viehmagd durch das Mieder
in ihre ahnungslose Brust.

Der Stallknecht kommt herbeigesprungen,
auf daß er rasch ihr Hilfe bringt;
Cupido trifft den guten Jungen,
daß er mit ihr zu Boden sinkt.

Da liegen Stallknecht nun und Viehmagd
und schauen sich verwundert an,
und nachher tun sie, was man nie sagt,
doch was man leicht erraten kann.

Frank Wedekind

Tanzlied

Des Goldbauern Hiesel,
dem ging es recht schlecht,
er liebte die Liesel,
die Liesel den Knecht.

Des Goldbauern Hiesel
hatt' Taler, die echt;
er gab sie der Liesel,
sie gab sie dem Knecht.

Des Goldbauern Hiesel
sagt, daß er sie möcht';
da lachte die Liesel
und küßte den Knecht.

Des Goldbauern Hiesel
hat alles verzecht;
da ließ ihn die Liesel
und ging zu dem Knecht.

Des Goldbauern Hiesel
ward dennoch gerächt;
so wie ihn die Liesel,
verriet sie der Knecht.

Heinrich Leuthold

Courths-Mahleriana

Zur Harfe zu singen

Es war einmal ein Mädchen,
die war so jung und rein,
doch war sie nicht vermögend,
was nützt da, Jungfrau sein.

Sie war Maschinenfräulein
in einer Wäschefabrik,
sie wollten so viele haben,
doch keiner hatte kein Glück.

Der Sohn vom reichen Besitzer,
das war ein jungschöner Mann,
dem hatte das arme Mädchen
es ebenfalls angetan.

Er liebte sie auch, doch o Schicksal,
er ward einer andern vermählt.
Er liebte das arme Mädchen,
sein Vater aber das Geld.

Das arme Mädchen, es weinte
sich schier beide Augen aus.
Sie wollte Selbstmord begehen,
das Leben war ihr ein Graus.

Schon stand sie auf einer Brücke,
schon fiel sie ins Wasser hinein.
Da zog ein reicher Millionär
sie heraus beim linken Bein.

Und als sie die Augen aufschlug,
da küßte er sie auf den Mund.
„Mein liebes gutes Mädchen,
o werde wieder gesund.“

Und als sie gesund geworden,
da fiel er vor ihr auf die Knie.
Und hielt um ihre Hand an
und heiratete sie.

Louis Fürnberg

Familienbad

Familien baden in der Welle,
man sieht viel schöne Beinerle.
Am Strande spielt die Kurkapelle
das „Heinerle – mein Heinerle – !“

Familien baden – das ist Leben!
Wie man sich auch ereifere!
Man sieht viel Jugend und daneben
auch reifere! Auch reifere!

Aus weißer Brandung tönt Gelächter,
bald leiseres, bald helleres,
dort haben Glück Berliner Töchter,
bald langsames, bald schnelleres.

Man sieht dort angenehme Linien,
bald härtere, bald weichere.
Haustöchter, schlank wie junge Pinien,
hier ärmere, dort reichere...

Jedoch auch Herren sind dazwischen,
viel Herren, unermüdliche,
Goldfische wollen sie hier fischen,
Goldfische, möglichst niedliche!

Auch Herr Heinz Neumann badet täglich
Familie – Familie!
Er möchte frei'n, wenn irgend möglich
die blühende Cäcilie.

Sie hat etwas in ihrem Wesen,
Bezwingendes, Umschlingendes;
nur ist die Frage nicht zu lösen:
Hat sie auch etwas Klingendes?

So sieht er plätschern sie voll Trauer,
ihm drückt's das Herz wie Steinerle.
Indes aus dem „Fidelen Bauer"
spielt die Musik das „Heinerle –"

Des Fräuleins Schultern schimmern immer
verführerischer, leuchtender.
Da naht er ihr als kühner Schwimmer:
„Ich nahe mich als Beichtender!

Geliebte kleine Badeschwester,
ich bitte, sei'n Sie meine Welt!"
Sie blickt betrübt zum Strandorchester:
„Heinerle, Heinerle, hab' kein Geld..."

Hans Brennert

Der geliebte Schwiegersohn

Lerche hat zwei Töchter,
'n Schwiegersohn, den möcht er,
er erwählt zum Schwiegersohne
einen Schneider, der nicht ohne.
Tritt der Schneider in das Haus,
ruft die Schwiegermutter aus:
Siehste woll, da kimmt er,
große Schritte nimmt er,
graue Haare hat er schon,
der geliebte Schwiegersohn.

Abends um halb neune,
wenn Hulda alleine,
fängt ihr Herzchen an zu puppern,
nach dem Bräut'gam tut sie schnuppern.
Wenn sie endlich ihn erblickt,
schreit sie laut und ist entzückt:
Siehste woll, da kimmt er,
große Schritte nimmt er,
komm doch an mein Herze schon,
Fipps, mein lieber Prinzensohn!

Lerche und Frau Lerche
kommen aus der Kerche,
unterwegs läuft ihn'n entgegen
Fipps, der Schneider, ganz verlegen,
er kommt grad von Hulda her,
und das freut die Lerchen sehr:
Siehste woll, da kimmt er,
große Schritte nimmt er,
unser guter Schwiegersohn,
Hulda, na, die hat ihn schon.

Hulda wart' jetzt öfter,
seltner kommt der Schnefter.
Ach, das macht sie ganz bekümmert,
und sie jammert und sie wimmert:

Sollt' er untreu werden mir?
Endlich springt sie auf, die Tür:
Siehste woll, da kimmt er,
große Schritte nimmt er,
doch nun wird er kälter schon,
der geliebte Schwiegersohn.

Tochter, Mutter, Vater,
sie verlassen tat er.
Was stieg ihm wohl in die Krone,
dem ergrauten Schwiegersohne?
Lerche zu der Lerchen spricht:
Seit zwei Monat' kommt er nicht,
siehste, nu verschwind't er,
eine andre nimmt er,
oder auch er hat sie schon,
dieser faule Schwiegersohn!

Berliner Volkslied
(um 1880)

Das Lied des verlassenen Lehmann

Ich hab ein schönes Mädchen
gehabt;
das hat mich mit viel Liebe
gelabt.
Ach Gott, wie war sie niedlich,
o Gott, wie war sie nett!
Ich kaufte ihr aus Rosenholz
ein Himmelbett.

Ich kaufte ihr auch Kleider
und Schuh;
die Unterröckchen machten
frou-frou.

Sie war, beim Himmel, sauber
und reizend anzusehn.
Es konnte mit ihr jeder Prinz
zu Tanze gehn.

Da machte mich die Liebe
verdreht;
ich ging mit ihr zum Pfarrer,
o bête!
Sie hat mir's nie verziehen,
daß ich sie so verkannt!
Ist mit dem ersten besten Kerl
davongerannt.

Das ist doch niederträchtig,
nicht wahr?
Ich raufe mir den Bart und
das Haar.
Die Röckchen, Höschen, Schühchen
und auch das Himmelbett
hat nun der miserable Schuft,
o Schwerebrett!

Und alles das von wegen
dem Ring,
den sie von mir beim Pfarrer
empfing.
Oh, welch ein großer Esel
war ich und Pavian!
Die Legitimität hat mir
das angetan.

Und darf ich sie denn schelten?
O nein.
Es mußte ganz natürlich
so sein.
Sie hatte für die Ehe
nun einmal kein Talent;
das Varieté der Liebe war
ihr Element.

Mag sie zum Teufel tanzen,
ade!
Mir tun davon die Beine
nicht weh.
Ich sitze im Parkette
vergnügt voll Spannung da:
Sie hat den fünften Partner schon –
hallelujah!

Otto Julius Bierbaum

2 moderne Tragödien

16.00 Uhr
Er wartet im Park.
16.30 Uhr
Er wartet...
17.00 Uhr
Er...
17.30 Uhr
Er wartet im Sarg-
(damit sie sich erschrecke)
geschäft an der Ecke.

Susi hängt an der Kunst.
Sie hatte einen Kunstpfeifer zum Freund
und einen Kunstreiter als Verlobten.
Morgen heiratet sie
– einen Kunststopfer!

Gute Nacht, Rembrandt!

Hallo, Rubens!

Erwin Bruno Sandhoop

Reimspäße

Gibt es Worte, auf die es keinen Reim gibt?

Ja, außer „Mensch" noch zahlreiche. Aber wie es auf „Mensch" doch Reime gibt, so auch auf die anderen – allerdings meist nicht auf natürlichem Wege:

Gustav, hoch im *Ahorn,*
stieß in sein Trarahorn.

Kittys schauderhaftes *Album*
bringt ein ausgewachsnes Kalb um.

Kaum fiel der Ausdruck *„Arbeit"*,
gerieten sich ins Haar beid'.

Ich suche wie verzweifelt unterm Bett was
und finde schließlich tief im Metfaß *etwas.*

Im Wald, in schwarzem Ginster nis-
ten Weberknecht und *Finsternis.*

Seht, da naht von weitem Ralph, der
Gute, mit dem Gaul am *Halfter.*

Gewahrend seinen bittern *Irrtum,*
schaut arg betroffen sich der Wirt um.

Geht's nicht mit Strom und nicht mit Dampfkraft,
dann geht es gar nicht – auch nicht *krampfhaft.*

Bitte, reich mir mal den Korb her!
Nein, den andern – den mit *Lorbeer!*

Es fuhr um Mitternacht die weiße Frau am Schloß vor,
von Kopf bis Fuß gehüllt in eine Wolke *Phosphor.*

Wertvoller als alles *Quecksilber*
ist unsrer Oma Bestecksilber.

Seiner Schwester stahl die Leica mit dem Schnappver-
schluß der Bruder, und dann leugnet' er es *tapfer.*

Verhindert der Torwart den Torwurf,
erhält er mit Recht keinen *Vorwurf.*

Ein Dromedar im Kuhstall?
Das scheint mir mehr als *Zufall.*

(nach Hans Reimann)

Den unreinen Reimern ins Stammbuch

Feinslieb, ich steh' in dem Gesträuche,
in des Mondes hellem Bereuche;
komm herab und neige dich, neuche
dich zu mir – oder soll ich dich finden
in deinem Zimmerchen ganz hinden?
Oder im Garten dich begrüßen,
wo die sinnigen Bächlein flüßen?
Wo die süßen Blaublümlein sprießen,
darf ich dich etwa dort begrießen?

Geliebte, ich will dich doch nicht betrügen,
oh, sieh mich dir zu Füßen lügen!
Oh, hörst du nicht schon das Brautgeläute,
es scheint mir ein wenig sehr aus der Weute.
Ha, gräßlich! Ein Rival! Ich zieh' vom Leder,
ich schreie Halloh und Mord und Zeder.
Wie trübte das meine Herzensfreude
und gab mir soviel Herzeleude!
Daß doch immer der Liebe Leiden
so häßlich beschließen der Liebe Freiden.

Detlev von Liliencron

Minnedienst

Ach, wenn ich nur ein Auto wär,
geduldig, treu und blechern,
ich trüge dich durch Schnee und Müll
und Straßen voller – Lechern.

Ach, wenn ich nur ein Auto wär
und hätte Scheiben-Wischer,
ich wischte deine Augen hell
mit seidnen – Taschenticher.

Ach, wenn ich nur ein Auto wär
mit Sicherheits-Sitzgurten,
ich bände fest dich an mein Herz
und ließ dich nicht mehr – furten.

Ach, wenn ich nur ein Auto wär,
benzinig, brav und sexlos,
ich dächte nie betrübt an dich
und andres, was – respexlos!

Arno Reinfrank

Inkunde

I

Wenn ich seh' die Holde, Traute,
wird mir sonderbar zu Maute!

Welch ein Wesen, fein und duftig –
und stets häuslich, still geschuftig!

Oh, ich möcht' mit vollem Herzen
gleich zu ihren Füßen sterzen!

„Holdes Weib, o komm geschwinde,
sonst verblutet meine Winde!

Welche Lust, mit dir zu hausen
und zu ruhn an deinem Bausen!"

Spräch' dann, tät sie freundlich winken:
„Willst mir deine Liebe schinken?"

Würd' sie mich zum besten haben –
wär' es aus mit meinem Laben!

Gleich sucht' ich den Dolch, den stumpfen,
denn mein Leben wär' beschumpfen!

Und noch vor dem nächsten Morgen
würd' ich selber mich erworgen!

II

Größer wird der Sorgen Haufen,
keine Nacht kann ich mehr schlaufen!

Ach! umsonst des Herzens Dürsten,
möcht' vor Ärger jetzt schon bürsten!

In das Meer möcht' ich mich tauchen,
in die Erde mich verkrauchen!

Denn wie treu ich ihr auch diene,
ach! sie wird doch nie die Miene!

Ach, man sagt, die Engelsreine
sei 'nes andern Konkubeine!

III

Doch was auch schwafelt das Gesindel,
rein war stets ihr Lebenswindel.

Gähnen auch des Leumunds Schleusen,
niemand kann ihr was beweusen!

Und je mehr ich sie betrachte,
scheint sie mir die Rechte, Achte!

Diese Hand – man liebt, je länger
man sie sieht, die kleinen Fänger!

Herrlich wallen dunkle Locken
auf dem blendend weißen Nocken!

Diese Stirn, o wer vergäße
jemals diese kleine Näse!

Nicht erschuf Natur sie launisch,
dieser Wuchs, er ist junaunisch.

Welch unendliches Ergötzen,
dich, Geliebte, zu besetzen!

Unbekannter Verfasser
(1850)

Fürchterliche Ballade

In drei Abteilungen und mit aufgehängter Moral

1

Der Saal erglänzt im hellsten Kerzenstrahle,
und lust'ger Sang ertönt aus jeder Kahle.

Und Tänzer fliegen auf der Freude Schwingen;
doch *ein* Herz klopft voll Kummer und voll Bingen.

Es ist das Herz des Fräuleins Leonore,
das Fräulein mit dem rabenschwarzen Lockenhoore.

Lenoren sah man mit dem Ritter Kunzen
schon etliche Galopps zusammen tunzen.

Das sah auch Ritter Veit, und Eifersucht
ward gleich in seiner stolzen Brust entfucht.

Zu Kunzen geht er hin und sagt ihm grimmig:
„Gleich gehst du mit mir, oder Gott verdimm mich!"

2

Der Garten glänzt im hellsten Mondenstrahle,
und aus den Zweigen tönt das Lied der Philomale.

Der Ritter Veit zieht seine Klinge nackicht
und steht voll Mordbegier im dunklen Dackicht.

Der Ritter Kunz naht jetzt und spricht: „Was soll ich?“
Da sagt sein Feind: „Dein Schwert zieh oder deinen Dollich!“

Da sagt ihm Ritter Kunz: „Du willst mir trumpfen?
Ich spotte dein! Auf, laß uns blutig kumpfen!“

Schon fechten sie in wildentbrannten Trotzen,
daß durch die Nacht die scharfen Schwerter blotzen.

Und ehe fünf Minuten noch verstrichen,
da lagen beide jämmerlich durchstichen.

3

Kaum hörte man im Saal Geklirr der Klingen,
so deckte Leichenblässe alle Wingen.

Schnell stürzet alles nach der dunklen Grotte
und sieht bald, was sich da ereignet hotte.

Lenore ruft: „Weh mir, ich komm' zu späte!
Sie liegen beide tot in ihrem Bläte!“

So ruft die Jungfrau, tugendreich und edel,
und nimmt aus ihren Haaren eine spitze Nedel,

blickt in den Mond mit Schauder und mit Grausen
und stößt die Nadel tief in ihren Bausen.

Und alles sieht mit Angst und mit Entsetzen
der Jungfrau rotes Blut hochaufwärts spretzen.

Schon sinkt sie hin, die so viel Anmut hatte,
und auf zwei Leichen lieget jetzt die dratte.

Moral:
Aus wilder Eifersucht entstehet immer
Not, Drangsal, Trübsal, Pein und großer Jimmer.

Verfasser unbekannt

Ich wäre gern...

Ich wäre gern eine hübsche Witwe gewesen im alten Ägypten
mit zweihundert Sklaven und dreizehn Gelypten
oder ein Freund des Neffen des Erfinders der Taschenuhr,
die morgens etwas nachgeht und abends etwas vur,
oder ein Kannibale, der sich von Forschungsreisenden nährt,
ohne selber zu forschen, weil ungelährt,
oder ein kleiner Seehund namens Oskar
(mit Kurs auf Island oder Madagoskar),
oder der Nebenfluß eines Nebenflusses in einer indischen Provinz,
oder ein Komet mit einem besonders langen Schwinz,
oder eine Wasserrose, an die tote Ophelia geschmiegt,
von Shakespeare selber beschriftet: „Weh dem, der liegt!"
Oder eine Wasserhose unter Philipp dem Schönen von Burgund,
oder ein Windhosenmatz unter Richard Löwenherz von Engelund,
oder eine Wiese unter glitzerndem Tau,
oder ein Feuilletonist unter Konrad von Adenau,
oder Miss Paris, Frankreichs schönste Frau,
mit dem preisgekrönten Popau,
oder ein Pastetenbäcker, ein Meister in seinem Fach,
der ohne Pfaue Pfauenpasteten buk, Tag für Tach,
oder ein Kalb mit zwei Köpfen im badischen Städtchen Lauffen,
den einen Kopf zum Trinken, den andern zum Sauffen,
oder ein Siebenschläfer, der sieben Jahre lang schlief
und dabei Gedichte machte – ganz intuitief,
oder Cäsars Mundschenk oder ein Drache oder ein Ober-Eunuch,
oder ein Veilchen oder ein Hase oder Johann Sebastian Buch,
oder ein Milchstraßenkehrer oder ein sizilianischer Prinzgemahl,
oder sonst etwas Lebendes – was, ist mir ganz egal!
Denn alles fließt und verrinnt und vergeht
entweder zu früh oder zu speht.

Kurt Kusenberg

Die Neugier

Es fragen die Braut die Geschwister:
Wie heißt er? Wo wohnt er? Was ist er?
Und weiter geht das Geschnatter:
Was kann er, was macht er, was hat er?..
Warum diese Fragen? so fragt man.
Den Fragenden besser man sagt dann:
Weißt du denn von jeglicher Glatze,
wo is se, wie is se, wer hat se?
Kennst du denn der Biene Gesummse:
Woher se, wieso se, warum se?
Der Tod mäht zu schnell mit der Sense.
Man weiß nie, woher se und wenn se.
Drum jeder beizeiten sich fasse,
daß, wenn se mal, aber auch daß se.
Doch wenn sich dein Leben verschanzte,
dann zeig doch, was bist de, was kannste de.
Das Leben gleicht oft einem Klopse,
man weiß nie, woher se und ob se.
Drum frage nicht stets wie ein Dummer:
Wieso er, woher er, warum er?
Es fragt ja auch niemand die Rose:
Woher se, warum se, wieso se.

Bernhard Wildenhayn

Ein Nachtrag zu Schillers Glocke

(Was Schiller in oder an seiner Glocke vergessen hat)

Als er kam zu dieser Stelle:
„Friede sei ihr erst Geläut!“
äußerte der Altgeselle:
Meister, Ihr seid zu zerstreut!
Fertig, glaubtet Ihr,
wär' die Glocke hier?

Und da habt Ihr unterdessen
ja den Klöppel ganz vergessen!

Denn wo das Strenge mit dem Zarten,
wo Starkes sich und Mildes paarten,
da gibt es einen guten Klang;
drum prüfet, eh' die Zeit dahin ist,
ob ein Klöppel in der Glocke drin ist:
denn was das Messer ohne Stiel ist
und was die Bühne ohne Spiel ist
und was der Ofen ohne Kohle
und was der Stiefel ohne Sohle
und was der Globus ohne Achs' is
und was der Thurn ist ohne Taxis
und was Akustik ohne Schall is
und was die Schweiz ist ohne Wallis
und was die Zarin ohne Zar is
und was Helena ohne Paris
und was der Haushahn ohne Henn' is
und was der Lawn ohne Tennis
und was der Walfisch ohne Tran is
und was der Piscis ohne Panis
und was das Hemd ist ohne Knöppel,
das ist die Glocke ohne Klöppel.

Drum aus Eisen laßt uns machen
einen Glockstock lang und schwer,
daß er tönend möge krachen,
wenn er baumelt hin und her. –
So, jetzt ist er da,
grüßt ihn mit Hurra!
Seid des höchsten Lobs gewärtig:
Endlich ist die Glocke fertig!

Alexander Moszkowski

Tantentod

Unsre liebe gute Tante,
könnt' sie leben noch in Ruh.
Wenn sie, wär' sie nicht gestorben.
Ach, wie ging das schrecklich zu!
Kaffee trank sie,
und da sank sie
auf die Bank sie
hin vor Schreck.
Hitze, sagt sie,
hat sie, hätt' sie,
und – da war sie weg.

Volksmund

Fasse dich kurz

Als hochbeglückt er sah sie,
da wandelt an der See sie,
da redet an er „Sie" sie,
doch es gefiel ihm so sie,
daß er sie nahm, die Susi.

Unbekannter Verfasser
(1892)

Aufschrift für einen Wanderpokal

Ach, meine Susi
ist ein Gespusi
mit Feuer im Schoß.

Aber liebst du sie,
ist's deine Susi,
und ich bin sie los.

Nils Werner

Wirtinnen-Vers

Zieh nach einem Kneipen-Bummel
nächtlich ich daheim die Bimmel,
hab' ich vor der Wirtin Bammel,
denn gleich einer wilden Hummel
stürzt sie aus dem Betten-Himmel
und krakeelt: „Versumpfter Hammel!"

Günter Gregor

Lautenspiel

Im leisen und im lauten Spiel
ertöne süß mein Lautenspiel,
und muß ich um was Liebes leiden,
verkläre du mein Liebesleiden
und laß dein holdes Saitenklingen
wie Gold nach allen Seiten klingen,
daß niemand ahnt beim Liederklang,
wie nur aus Scherz mein Lied erklang.

Heinrich Seidel

Elegie

Alter Efeu, du umschlingst
der Antike letzten Bau-Rest,
den du selbst zu Falle bringst
und sonst zwiefach überdaurest.

Einst umkreisten dich im Tanz
Priester zu der Götter Mai-Fest;
längst verging der Opferglanz,
du nur blühest noch und reifest.

Dir erscheint die neue Zeit
wie ein aufgeputztes Pfau-Nest,
dessen Pracht und Eitelkeit
du belächelst und bestaunest.

Alles schwindet – und auch du
sinkst am Schluß verdorrt ins Heu-Feld,
eingesargt zu ew'ger Ruh
und von Tränen nicht beträufelt!

Unbekannter Verfasser
(um 1900)

Glückliche Liebe

Wie bin ich wundersam beglückt,
ich höchst beneidenswerter Herr!
Das schönste Briefchen fing ich emp-,
das je ein Mägdlein faßte ver-.

Welch ungeheurer Wonnetraum,
der lodernd mir im Busen brennt!
Bei allen Göttern schwör ich's be-,
nie sag' ich mehr der Liebe ent-!

Sie wortet ant-, das holde Kind,
sie schreibt so wunderlieb und fromm;
und was das Briefchen nicht erzählt,
das Beste, das binier ich kom-.

Ihr Genien, ach, spiriert mich in-!
Ich weiß vor Lust nicht wie und wo:
Das nahe Glück verwirrt mein Herz.
O Vater Zeus, tegier mich pro-!

Der allzu ungestüme Drang
gefällt dem zärtren Weibe miß-:
Drum hilf, daß nicht die Liebeswut
mich schmählich kreditiere dis-.

Am ganzen Leib spirier ich trans-:
Und fließ ich so vor Liebe zer-,
dann rümpft das Näschen sie vielleicht
und lächelt und sifliert mich per-.

Unbekannter Verfasser
(um 1880)

An meine Laura

(Bei Übersendung einer Sammlung von Gedichten)

Wenn ich sinnend vor Dich *trete,*
o Du still *Angebetete,*
meines Herzens Königin,
weht mich an des Himmels *Frische,*
und es sinket das *irdische*
All vor mir in Nichts dahin.

Meines Leidens *Sonnenwende,*
Du, im Ätherglanz *Thronende,*

zieh durch Deine Zaubermacht
mich empor zu Deiner *Sphäre,*
daß ich trinke die *reinere*
Luft der ewgen Sternennacht.

Ja, ich fühl's, das ist *Beseelung,*
das ist Leiden-*Entfesselung,*
wenn das Herz mir Liebe schwellt;
und ich steig' einst stolz und *sicher*
hoch verklärt als *unsterblicher*
Dichter auf zum Himmelszelt.

Und ich werd' – o süßes *Wähnen*! –
niemals zu den *vergessenen*
Dichtern zähl'n im deutschen Land,
denn schon hab' ich, *wonneschickern,*
viel Gedichte den *Klassikern*
Münchens dedizier'nd gesandt.

Rosendorn
Tertianer, primus omnium.
(1855)

Mandelkerngedicht

Zwischen Akten, dunkeln Wänden
bannt mich Freiheit begehrenden
nun des Lebens strenge Pflicht,
und aus Schränken, Aktenschichten
lachen mir die beleidigten
Musen in das Amtsgesicht.

Als an Lenz und Morgenröte
noch das Herz sich erlabete,
o du stilles, heitres Glück!
Wie ich auch nun heiß mich sehne,
ach, aus dieser Sandebene
führt kein Weg dahin zurück.

Als der letzte Balkentreter
steh' ich armer Enterbeter
in des Staates Symphonie,
ach, in diesem Schwall von Tönen,
wo fänd' ich da des eigenen
Herzens süße Melodie?

Ein Gedicht soll ich euch spenden:
Nun, so geht mit dem Leidenden
nicht so strenge ins Gericht!
Nehmt den Willen für Gewährung,
kühnen Reim für Begeisterung,
diesen Unsinn als Gedicht!

Joseph von Eichendorff

Hühnerzüchters Klage

Daß von meinen Hennen je ein Ei ich fände!
Eine legende ist wahrlich schon Legende.

Elisabeth Knauth

Im Gleichklang

Winterverdruß

(Ein Vokalscherz)

Die Welt man bunt und prangend sah,
grün Wald und Anger fern und nah!
Die kleinen Vöglein sangen da,
jetzt ruft die Nebelkräh ihr Krah!
Verfärbte sich die Welt etwa?
Grau ist sie allenthalben ja –
viel Naserümpfens drob geschah.

Ich saß auf grünem Berg im Klee,
in bunten Blumen schritt das Reh;
nun zwischen mir und diesem See
ging alle Augenlust Ade!
Wo wir uns Kränze wanden eh,
da liegt nun Reif und tiefer Schnee,
der tut den armen Vöglein weh.

Die Toren lachen laut: Hihi!
Die Armen, ach, wie winseln sie
und tun mir leid, weiß keiner wie!
Drei bittre Sorgen hab' ich, die

der harte Winter mir verlieh;
doch drückten sie mich nun und nie,
wenn erst ein Frühlingsvogel schrie!

Eh' ich noch länger lebte so,
äß' ich die Krebse lieber roh!
O Sommer, mach uns wieder froh!
Du ziertest Busch und Au, allwo
beim Blumenspiel mein Kummer floh.
In Lust entbrannt' ich lichterloh,
da trieb der Winter mich ins Stroh!

Mit Esau lag ich träg in Ruh,
mein glattes Haar ward rauh im Nu;
ach Sommerlust, wo weilest du?
Ich säh' so gern dem Feldbau zu,
und eh' ich länger so vom Schuh
mich drücken ließ, wie jetzt ich's tu,
eh' würd ich Mönch in Toberlu!

Walther von der Vogelweide
(Bearbeitet von Richard Zoozmann)

O Knute!

O Knute, o Knute!
Die schwingen man tute,
machst Wirkung sehr gute
bei frevelndem Mute.
Was dem Kindlein die Rute,
ist dem Volke die Knute;
du stillest die Wute
rebellischem Blute.
Das alles, das tute
die Knute, die Knute!
Weshalb ich mich spute,

in einer Minute
poetischer Glute
schrieb ich an die Knute
dies Gedichtchen, dies gute.

Johann Nestroy

An Michel

Willst du deinen Junkern behagen,
so mußt du dich also betragen:
Im Frieden stets wacker dich plagen,
im Kriege stets wacker dich schlagen,
viel tragen und vielem entsagen,
nichts wagen und nie was abschlagen,
nie fragen, versagen noch klagen,
beim Geldgeben niemals verzagen
und all deine Wünsche vertagen:
Dann – hast du nichts weiter zu sagen.

Adolf Glaßbrenner

Der Rest

Schneidet man dem Junkertum den Zopf ab,
schneidet man dem Junkertum den Kopf ab,
denn 's ist, was das Junkertum an Zopf hat,
alles, was das Junkertum an Kopf hat!

Adolf Glaßbrenner

Fälle

Er stand am mächt'gen Rheinfall,
da kam ihm gleich der Einfall:
O wäre doch der Rheinfall
kein Wasser-, sondern Weinfall!
Dann erst, dann wär' er mein Fall!

Johann Dietrich Gries

Romanze zwischen Ritta und Brigitta, über Schmied und Ida

Zur Brigitta
sagt der Ritta:
Ist mir zwida
daß der Schmied da
trinkt sein Lita
vor dem Gitta
heut schon wieda
bei der Ida
setzt sich nieda
mit der Zitha
und daß sie da
unsre Ida
hört die Lieda
dieses Schmied da
das Gewitta
schlage nieda
gleich die Ida
und den Schmied a.

Drauf zum Ritta
sagt Brigitta:
Ist nicht bitta
wenn schon wieda

heut der Schmied da
bei der Ida
vor dem Gitta
trinkt sein Lita
setzt sich nieda
mit der Zitha
und daß sie da
unsre Ida
hört die Lieda
dieses Schmied da
das Gewitta
edler Ritta
schlage nieda
Schmied und Ida.

Unbekannter Verfasser
(um 1860)

Märchen

Ich weiß ein schönes Märchen:
Es war ein schönes Pärchen,
hieß Hänselchen und Klärchen,
die pflückten Blum' und Ährchen
und aßen reife Beerchen.
Das Klärchen hat ein Härchen,
das Hänselchen ein Scherchen;
das war ein goldnes Härchen
und das ein silbern Scherchen.
Das Hänselchen nahm Klärchen,
schnitt mit dem Silberscherchen
ihr in das goldne Härchen;
da ging das goldne Härchen
entzwei am Silberscherchen;
da ging das Silberscherchen
entzwei am goldnen Härchen.
Da weinte laut das Klärchen
um ihr verlornes Härchen

und Hänselchen mit Klärchen
um sein zerbrochnes Scherchen;
laut weinete das Pärchen
um Härchen und um Scherchen
gar viele, viele Zährchen.
Laut weinten Blum' und Ährchen
und alle reifen Beerchen
zusammen mit dem Pärchen
um Härchen und um Scherchen.
Da saß im Busch ein Stärchen,
das sah die vielen Zährchen,
da sprach das kluge Stärchen:
Was weint ihr denn, ihr Närrchen?
Das Härchen und das Scherchen,
die Zährchen und die Ährchen,
die Beerchen und du, Pärchen,
und ich dazu, das Stärchen,
sind alles nur ein Märchen.

Friedrich Rückert

Berechtigte Frage

Frau von Hagen,
darf ich's wagen,
Sie zu fragen,
wieviel Kragen
Sie getragen,
als Sie lagen
krank am Magen
in der Hauptstadt Kopenhagen?

Mündlich

Im Stübchen beim Liebchen

Sieh, im Gemächelchen
alle die Sächelchen
rings in den Fächelchen
bis an das Dächelchen –
ach, ach, ach, ächelchen!
Was für ein Ställchen
hat mein Mamsellchen!
Alle die Zellchen
und die Gestellchen,
all die unzähl'gen
Kryställchen, Pastellchen,
Deckchen und Fellchen!
Welch ein Pêle-Mêle'chen!

Was hat das Mädelchen
alles für Fädelchen,
Nädelchen, Rädelchen,
Schädelpomädelchen!
All die Paketchen
und Kettchen und Blättchen
und Amulettchen
von meinem Nettchen!
In Lädchen, auf Brettchen
Corsettchen, Chemisettchen,
und Bettchen, Spinettchen
auf dem Parkettchen!
Und was für Kästchen,
Quästchen und Restchen
von Tänzchen und Festchen
schmücken das Nestchen!

Ach, und die Nischchen,
Tischchen und Wischchen,
dazwischchen Goldfischchen!
Alle die Schnipfelchen,
Zipfelchen, Tüpfelchen,

alle die Wickelchen,
Zwickelchen, Strickelchen!
Und Perpendikelchen
ticken ihr Tickelchen
dreien Karnickelchen,
herzigen Dickelchen,
und einem Zickelchen.

Aber das Krönchen
ist doch dein Persönchen:
Aphrodité'chen
vom Köpfchen zum Zehchen!
Ach, und die Löckelchen
vorn an den Bäckelchen,
hinten am Näckelchen –
neckische Geckelchen,
niedliche Schneckelchen,
winzige Döckelchen,
Hühnchen und Göckelchen,
flimmernd wie Flöckelchen,
klingend wie Glöckelchen,
goldige Dingelchen,
schleckige Züngelchen,
schlängelnde Schlingelchen,
Ringelchen, Kringelchen!

Hanns von Gumppenberg

Nach dem Blätterfall

Solange die Lauben
sind üppig belaubt,
ist drinnen zu rauben
einen Kuß wohl erlaubt;
doch die in der Laube
hat Schwüren geglaubt,

der schwindet der Glaube,
wenn die Laube entlaubt;
es war'n in der Laube
die Küsse geraubt
wie der Spatz von der Traube
die Beeren abklaubt,
und die in der Laube
zu vieles erlaubt,
der fehlt jetzt die Haube
aufs sinnende Haupt.

Crassus (d.i. Sigmund Krassberger)

Herbstliche Öde

Auf dem Berg ein Baum steht astlos,
auf dem Meer ein Schiff geht mastlos.
Zwischen Berg und Meere lieget
ein verlaßnes Gasthaus gastlos.
Zwischen Gasthaus, Meer und Berge
schweift ein irrer Wandrer rastlos.
Baum des Lebens, deine Krone
welke! denn dein Stamm ist bastlos.
Ei, wenn du der Lust verlustig
gingest, bist du auch der Last los.

Friedrich Rückert
(als er die Aufgabe erhielt, auf ein schwieriges Reimwort
ein Gedicht zu machen)

Familienpflichten

Allnächtlich saß der Förster auf dem Anstand,
alltäglich seine Frau nach Eiern anstand,
indes der Sohn mit turnerischem Anstand
sich übt im Handstand.

Elisabeth Knauth

Der Ambulaviator

Der Himmel hatte sich gebogen,
als sei er völlig vollgesogen
und breche bald von Wasserwogen.
Da ist ein Flieger aufgeflogen,
der hat dem Himmel, ungelogen,
ein Wolkenbruchband angezogen.

Horst Heitzenröther

Am Brühl

In Leipzig geht ein Paar am Brühl,
und schon erhitzt sich *ihr* Gefühl,
und bis ins letzte Molekül
wird's schwüler ihr als schwül.
Dagegen bleibt der *Mann* so kühl,
als säße er im Kirchgestühl
und ginge nicht durch Leipzigs Brühl
mit ihr in dem Gewühl.
Was läßt den Mann so kühl
vor seiner Frau am Brühl?
Na klar, was hier im Spül:
Man nennt es ein Kalkül.

Erwin F. B. Albrecht

Seemannsglück

Maat Hans Höhne
liebt die schöne
schwarze Esther
seit Silvester.

Früh Silvester
kommt die Schwester
von der Esther,
spricht: „Mein Bester,
für die Feier
heute abend
fehlt für Esther
noch ein Freier.
Freund von Esther
– Warentester –
sitzen läßt er
meine Schwester.“

Hans, in bester
Laune preßt er
den Südwester
etwas fester.
Dann verläßt er
mit der Schwester
seine Wohnung
in Manchester;
fährt zu Esther
nach Leicester
mit dem Diesel-
Luftverpester.

Nun liebt Esther,
diese Schöne,
seit Silvester
den Maat Höhne.

Günter Thate

Gleichklang

Auf dem Berg
steht ein Zwerg –
ein Waldzwerg.
Vor dem Berg
liegt ein Werk –
ein Walzwerk.
Der Waldzwerg tanzt.
Es assonanzt.
Das Walzwerk stampft.
Der Schall verdampft:
Waldzwerg
Walzwerk...
Waldzwerg.
Walzwerk...

Hansgeorg Stengel

Mehrfacher Reimertrag

Lebensweisheiten

Nach Sommervögeln hasche nicht,
vergeht der Lenz, der rasche, nicht?
Das Geld zerreibt sich allgemach,
vertrau der vollen Tasche nicht!
Der Wein vergeistet in der Luft,
vertrau der vollen Flasche nicht!
Und die Havanna – sage, Schuft –
wird sie zuletzt zu Asche nicht?

Unbekannter Verfasser
(1853)

Sei huldig, wenn du einen Gast hast,
geduldig, wenn du eine Last hast,
sei rastig nie, auch wo du Rast hast,
und hastig nie, auch wo du Hast hast,
denn seine Ruhe liebt, wer Hast haßt.

Friedrich Rückert

Arbeit muß dem Frommen frommen!
Mag er sich im Regen regen,
ihm bringt auch das Sägen Segen,
und die Sorge wegen Wegen
wird von Gott ihm abgenommen.

Elisabeth Knauth

Kann sich denn vor den Bergen bergen,
wer in ihre Gefahren gefahren?
Die ihr Geheimnis geraten, geraten
leicht in des drohenden Rachens Rache!

Elisabeth Knauth

Wanderung bei trübem Wetter auf langweiligstem Wege. Absolute Stofflosigkeit. Daher Ghasel an die Liebe

Wem das Blut im Herzen mild quillt,
wem ein Groll drin ungestillt quillt,
wem rings aus der Welt nur Weltschmerz,
der wie Sturmflut schrillt und schrillt, quillt,
wem selbst aus Musik nur Mißklang,
der ins Ohr ihm schrecklich schrillt, quillt, –
oh, wie dem der Quell des Daseins
plötzlich ruhig, sanft und mild quillt,
wenn empor aus trüber Wallung
ihm im Geist der Liebsten Bild quillt,
magisch lächelnd, gleich dem Mondschein,
der durch Wolken aufs Gefild quillt!
Ob wohl süßer eine Träne,
als die dann der Teuern gilt, quillt?

Liebe, Quell, der oft schon morgen
heiß in dem, der heut ihn schilt, quillt,
Quell, wo Tugendmut dem Schwachen,
der zum Bösen war gewillt, quillt,
Quell, der stark wie unterm Kittel,
unterm goldnen Fürstenschild, quillt,
Quell, wo Labung selbst dem Krieger,
den der grimme Hauptmann drillt, quillt,
wo ein Zauber alles glättend,
was das Leben uns zerknillt, quillt,
Liebe, du, aus der ein Rausch uns,
drin der Geist sich süß beknillt, quillt,
traurig, ach, wem nie im Herzen
Wonne, wie aus dir sie quillt, quillt!

Woldemar Wenck

Begnüge dich, Liebste!

Motto:
Wohl kann ich dich zum Schokoladenladen laden,
doch nicht mit dir in Baden-Baden baden.

Ich kann dir nicht, was andre schenken, schenken
und nicht die Welt aus den Gelenken lenken,
du darfst dich nicht auf Schmuck und Spitzen spitzen,
wirst nicht mit mir auf goldnen Sitzen sitzen.
Jedoch, der ich des Dichters Habe habe,
vermag es, daß dich andre Labe labe:
Schon fühl ich es von Liederkeimen keimen,
ich will sie dir in goldnen Reimen reimen,
daß dir gar lieblich ihr Getöne töne
und dich der Verse Schmuck verschöne, Schöne.

Heinrich Seidel

Sie saßen spät am Abend ...

Sie saßen spät am Abend
beim duftenden Jasmin,
die Luft war süß und labend,
der Mond so schön schon schien.

Er hielt sie fest umfangen,
sie sah zu ihm empor,
mit liebendem Verlangen
bestürmte er ihr Ohr.

„O wärst du schon mein Weibchen!
Sag, warum säumst du noch?
Ach, hätt' ich als mein Täubchen
schon unter Dach dich doch!"

Drauf sprach sie, sich erhebend –
ihm wurde kalt und heiß,
da seine Hand sie bebend
auf einmal losließ, leis:

„Nicht wahr, 's ist übertrieben,
was sich erzählt die Welt,
daß all dein Werben, Lieben
nur meinem Gold gilt, gelt?"

Er sprach: „Mein Lieb, wie gräßlich,
wie boshaft und wie roh!
Ist mal die Welt so häßlich,
nun denn, so sei sie so!

Hör nicht auf ihr Geschwätze,
sie stiftet nur Verdruß,
mehr wert als alle Schätze
ist mir dein Ki-Ka-Kuß!"

Otto Sommerstorff

Sittlicher Erguß

Sehr frivole Dichter, feind den Musen,
preisen sündhaft leider hin und wieder
ihrer bitterbösen Basen Busen,
dichten leider lauter Luder-Lieder!

Kellnerinnen selbst besingt so'n Lümmel!
Wär's nicht besser, daß ein solcher Knabe,
statt daß er als dummer Hammel himmel-
hoch 'ne Hebe höbe, Hiebe habe?

Wie kuriert man einen solchen Schnöden?
Nun, *ich* kann nur dazu, daß den faden
Kerl (damit ihn seine rüden Reden
reuten) Rauten-Ruten röten, raten!

Karl Ettlinger

Elegie

In jedem Stockwerk rings um meine Wohnung
bereiten Unglücksmänner mir und Frauen,
indem sie auf Klaviere ohne Schonung
mit allzu rauhen Klauen hauen, Grauen.

Das hallt und schallt zu allen Tageszeiten,
ich kann mich nie und nimmer dran gewöhnen,
muß oft verzweiflungsvoll, wenn rings die Saiten
in gar nicht schönen Tönen dröhnen, stöhnen.

Früh steh' ich auf bei Liszt, Chopin und Wagner,
und abends bei dem Klang der „Müllerlieder"
leg' ich mich mit dem Schmerzgefühl zerschlagner
und todesmüder Glieder wieder nieder...

O möchten endlich doch die schnöden Hände,
die oft von mir verwünschten, viel gehaßten,
die so erbarmungslos und ohne Ende
durch Marterkastentasten hasten, rasten!!

Ich frag' mich oft, wenn ich mich trostlos härme:
Ist auf die Dauer solche Qual erträglich?
Und ist ein Weiterleben bei dem Lärme,
der so unsäglich kläglich täglich, möglich?!...

Ein hoffnungsloser Schmerz netzt meine Wimper,
Erlösung gibt es nicht aus diesen Nöten,
bis sie mich eines Tags mit dem Geklimper,
dem endlos öden, schnöden, blöden, töten!

Otto Sommerstorff

Formscherze

Kettenreime

Meine Damen und Herrn,
Äppel sind keene Bern',
Bern' sind keene Äppel,
die Wurst hat zwei Zäppel,
zwei Zäppel hat die Wurst,
der Bauer, der hat Durst,
Durst hat der Bauer,
das Leben wird ihm sauer,
sauer wird ihm das Leben,
der Weinstock hat viel Reben,
viel Reben hat der Weinstock,
ein Kalb ist kein Ziegenbock,
ein Ziegenbock ist kein Kalb,
meine Predigt ist halb,
halb ist meine Predigt,
der Brotschrank ist ledig,
ledig ist der Brotschrank,
ein Tisch ist keine Ofenbank,
eine Ofenbank ist kein Tisch,
im See sind viel Fisch',

viel Fisch' sind im See,
der Hund hat viel Flöh',
viel Flöh' hat der Hund,
ein Viertel ist kein Pfund,
ein Pfund ist kein Viertel,
Bauernmädchen tragen schöne rote Gürtel,
schöne rote Gürtel tragen Bauernmädchen,
eine Maus ist kein Rotkehlchen,
ein Rotkehlchen ist keine Maus,
meine Predigt ist aus.

Kinderreim

Es war einmal ein Mann...

Es war einmal ein Mann,
der hatte einen Schwamm.
Der Schwamm war ihm zu naß,
da ging er auf die Gass'.
Die Gass' war ihm zu kalt,
da ging er in den Wald.
Der Wald war ihm zu grün,
da ging er nach Berlin.
Berlin war ihm zu groß,
da wurde er Franzos.
Franzos wollt' er nicht sein,
da ging er wieder heim
zu seiner Frau Elise,
die kochte ihm Gemüse.

Kinderreim

Jahr-Markt

In 1901
da war die Schlacht bei Mainz,
in 1902
da war die Schlacht vorbei,
in 1903
da ging ich da vorbei,
in 1904
da spielte ich Klavier,
in 1905
da zog ich aus die Strümpf,
in 1906
war ich 'ne alte Hex.

Kindervers

Scherzfrage

Meine Mu, meine Mu, meine Mutter schickt mich her,
ob der Ku, ob der Ku, ob der Kuchen fertig wär?
Wenn er no, wenn er no, wenn er noch nicht fertig wär,
käm ich mo, käm ich mo, käm ich morgen wieder her.

Kinderreim

Sagt er

In Berlin, sagt er,
mußt du fein, sagt er,
und gescheit, sagt er,
immer sein, sagt er,
denn da haben's, sagt er,
viel Verstand, sagt er,

ich bin dort, sagt er,
schon bekannt, sagt er.

Und hernach, sagt er,
leg dich an, sagt er,
grad so schön, sagt er,
wie man kann, sagt er,
gute Kleider, sagt er,
wie zur Tauf', sagt er,
und die Haube, sagt er,
oben drauf, sagt er.

Ganz besonders, sagt er,
noch vor allem, sagt er,
such durchs Sprechen, sagt er,
zu gefallen, sagt er,
recht Berlinisch, sagt er,
immer sprich, sagt er,
und statt mir, sagt er,
sagst du mich, sagt er.

Merke auf, sagt er,
daß die Herrn, sagt er,
dich nicht foppen, sagt er,
sie tun's gern, sagt er,
du bist halt, sagt er,
noch am Schuß, sagt er,
und a Busserl, sagt er,
heißt dort Kuß, sagt er.

Gar zu leicht, sagt er,
wenn man küßt, sagt er,
kommt man dort, sagt er,
zu 'nem Zwist, sagt er,
denn sie plauschen, sagt er,
wunderschön, sagt er,
du wirst halt, sagt er,
nit verstehn, sagt er.

Wenn i wüßt, sagt er,
daß i käm, sagt er,
wenn i küßt, sagt er,
zu 'nem Zwist, sagt er,
lieber küßt' ich, sagt er,
nimmermehr, sagt er,
fiel' mir's wirklich, sagt er,
noch so schwer, sagt er.

Nun, so reis, sagt er,
b'hüt di Gott, sagt er,
komm nit ham, sagt er,.
eppe tot, sagt er,
denn Berlin, sagt er,
is nit nah, sagt er,
b'hüt di Gott, sagt er,
bin schon da, sagt er.

Karl von Holtei

Sommermädchenküssetauschelächelbeichte

(Den Wortkopplern gewidmet)

An der Murmelrieselplauderplätscherquelle
saß ich sehnsuchtstränentröpfeltrauerbang;
trat herzu ein Augenblinzeljunggeselle
in verwegnem Hüfteschwingeschlendergang,
zog mit Schäkerehrfurchtsbittegrußverbeugung
seinen Federbaumelriesenkrämpenhut –
gleich verspürt' ich Liebeszauberkeimeneigung,
war ihm zitterjubelschauderherzensgut!

Nahm er Platz mit Spitzbubglücketückekichern,
schlang um mich den Eisenklammermuskelarm;
vor dem Griff, dem grausegruselsiegesichern,
wurde mir so zappelseligsiedewarm!

Und er rief: „Mein Zuckerschnuckelputzelkindchen,
welch ein Schmiegeschwatzeschwelgehochgenuß!"
Gab mir auf mein Schmachteschmollerosenmündchen
einen Schnurrbartstachelkitzelkosekuß.

Da durchfuhr mich Wonneloderflackerfeuer –
ach, das war so überwinderwundervoll...
Küßt' ich selbst das Stachelkitzelungeheuer,
sommersonnenrauschverwirrungsrasetoll!
Schilt nicht, Hüstelkeifewackeltrampeltante,
wenn dein Nichtchen jetzt nicht knickeknirschekniet,
denn der Plauderplätscherquellenunbekannte
küßte wirklich wetterbombenexquisit!

Hanns von Gumppenberg

Aztekischer Liebesbrief

„O mein brauner Schatz, mein schlanker Schalk, o!
Du mein flinkes Reh aus Xochicalco,
sei gegrüßt, mein Lieb Azcaxochitl,
von Tezcucos Sohn Huitzlihuitl!
  Laß ihn fahren, diesen dummen Trottl,
  diesen dicken Nezahualcoyotl,
  gib den Laufpaß doch dem faulen Stinko,
  diesem Esel aus Huexotzinco!

In den Schlund des Popocatepetl
werf' ich zornig sonst dein Silhouettl,
springe selber dann – beim Huitzlipochtli! –
in den Krater Hitzlischwitzlikochtli!
  Also, sehr geliebtes Mitzlikatzli,
  lies mit Andacht dieses Kritzlikratzli
  und dann komme, komm, mein Fritzlifratzli,
  gib mir das Verlobungsschmitzlischmatzli!"

Reinhard Volker

Der Apotheker

Kam ein alter, rost'ger,
kalter, frost'ger,
dürrer, eingeschrumpfter,
abgestumpfter
Arzeneienschmecker,
Gläserlecker,
Apotheker, langsam,
mühvoll-gangsam
durch den Garten schleichend,
und sah keuchend
Bäum und Pflanzenarten
an im Garten,
um die Eigenschaften,
die da haften
an den schönen Sachen,
auszumachen:
Was für blöde Augen
möchte taugen?
Was für Ohrenklingen
aufzubringen?
Und was auszuwittern
wider's Zittern?
Was die Gicht in Fingern
möchte ringern
und was die in Füßen
auch versüßen?
Was für Gliederreißen
gutzuheißen?
Was das Lungenkeuchen
möchte scheuchen?
Wider Magendrücken
was zu pflücken?
Wider Seitenstechen
was zu brechen?
Und was abzurupfen
wider'n Schnupfen?

Woraus Tee zu kochen
zur Sechs-Wochen?
Nüchtern was zu kauen
zum Verdauen?
Was sich ließ im stillen
drehn zu Pillen
oder was verbergen
in Latwergen?
Was da zu bestimmen
zum Bauchgrimmen
und was zu vereinigen
zum Blutreinigen?
Was zusammenzuscharren
zu Katarrhen?
Als so weit beklommen
er gekommen,
sah ich Bäume wanken
wie die Kranken,
daß von welken Stielen
Blätter fielen
und am Boden klebten
gleich Rezepten.
Als fortfuhr das Mustern,
ward zu Hustern
aller Nachtigallen
Liederschallen;
und die Rosenhecken
all vor Schrecken
wurden leichenfarber
als Rhabarber.

Friedrich Rückert

Von Tieren

Eulen
heulen,
Katzen
kratzen,
Meisen
reisen –
ob
Bienen
grienen?

Fuchs,
Luchs.
. . . . .
Dachs?
Oder Duchs?

Ganz zierlich und fein,
ganz unsäglich klein,
ganz heimlich,
im stillen:
Bazillen!
Bazillen!

Rudi Strahl

Tierisches

Im Wasserturm
ein nasser Wurm.
Im Untergrund
ein bunter Hund.
Im Bäderhaus
die Fledermaus.
Im Siedetopf
ein Wiedehopf.

Im Rittersaal
ein Zitteraal.
Im Haferstroh
ein braver Floh.
Im Straßenteer
ein Nasenbär.
Am Spiegeltisch
ein Igelfisch.
Im Wiesenschlamm
ein Riesenlamm.
Das Getier
ging hier
dem Reim
auf den Leim.

Gerhard Rutsch

Der preußische Wald

Radfahren, Reiten, Fahren und Gehen
ist hier verboten. Die Försterei.

Es ist verboten, Futter zu mähen.

Baden erlaubt ab 15. Mai.

Privatweg!
Wegwerfen von Papieren
und Gegenständen ist untersagt.

Hunde sind an der Leine zu führen!
Zuwiderhandelnde werden verklagt.

Hier ist verboten, Sport zu treiben!

Angeln nur gegen Erlaubnisschein!

Bitte die Bänke nicht zu beschreiben!
Der Heimatverschönerungsverein.

Verbot des Pflückens von Wasserrosen!

Nicht rauchen! Die Oberförsterei.

Baden in dreieckigen Badehosen
ist nicht gestattet! Die Polizei.

Man bittet, die Schwäne nicht zu jagen!

Achtung! Verbotener Anlegesteg!

Auf der Wiese keine Zelte aufschlagen!

Nur widerruflich erlaubter Weg.

Du darfst nicht baden, nicht gehen, nicht reiten,
denn überall lauert ein Schutzmannsgesicht.
Du siehst in den preußischen Einsamkeiten
den Wald vor lauter Verboten nicht!

Erich Weinert

Jugendsünde

Macht nicht soviel Gezeter,
bleibt höflich und diskret,
ertappt ihr Ruth und Peter
beim Pubertät-à-tête.

Hansgeorg Stengel

Television

Längst war er eine bleiche
Leiche.
Da fuhr der Kameramann
den toten Leichnam an:
„Liegen Sie nicht so steif.
Wir senden live!“

Hansgeorg Stengel

Lied von den Porinden

Im Tal der krummen Linden
da leben die Porinden
sie haben einen glatten Schopf
und denken niemals mit dem Kopf
vielmehr mit dem
                                        worauf man sitzt
drum ist ihr Denken abgenützt
und richtet sich nach hinten
bei sämtlichen Porinden

Will unter krummen Linden
mal einer was erfinden
Motorrad
                    Auto
                              Eisenbahn
stets fängt er mit dem gleichen an
mit Sattel
                    Sessel
                              Liegebank
dann sagt er seinem Hintern Dank
setzt sich vergnügt und heiter
darauf
              und baut nicht weiter

Drum gibt's bei den Porinden
im Tal der krummen Linden
zwar Sitzungszimmer
                                        und Büro
mit Schaukelstuhl
                                        und Sesselklo
doch fehlen Fahrrad
                                        Fußball
                                                  Schi
auch Meilenläufer sieht man nie
man sieht in keinem Falle
dort eine Stehbierhalle.

Klaus Möckel

Imitationen

Sächsische Abendstimmung

Ieber allen Gäßchen is Ruh,
im „Goldnen Fäßchen" findest du
kaum noch ä Bier;
de Kellnerin hängt schon ihr Kebbchen,
nach diesem Debbchen
ruhen ooch wir.

Mikado (d. i. Karl Edler von der Planitz)

Sommerstille

In allen Parlamenten ist Ruh,
in allen Zeitungen spürest du
kaum einen Hauch.
Nur der Bismarck schimpft noch, der alte.
Warte nur, balde
schweiget der auch.

Unbekannter Verfasser
(1897)

Kommt ein Vogel geflogen…

Aus heiliger Wolkenhöhe
schwingt sich ein Vogel zu Tal,
die schneeigen Schwingen leuchten
im rosigen Abendstrahl.

Er hält ein Blatt im Schnabel,
das die Liebste gesendet mir hat.
Sieh da, nun läßt er was fallen –
doch leider nicht das Blatt.

Julius Stettenheim

Der Letzte

(Frei nach Heine)

Was will der einsame Taler?
Er trübt mir nur den Blick.
Er blieb aus alten Zeiten
in meiner Tasche zurück.

Er hatte viel blinkende Brüder,
die alle verschwunden sind,
mit meinen Taten und Freuden
verschwunden in Nacht und Wind.

Wie Nebel sind auch verschwunden
die goldnen Louisd'or,
die meine braven Gläubiger
auf Wechsel mir schossen vor.

Ach, meine Gläubiger selber
verschwanden wie eitel Hauch!
Du alter, einsamer Taler,
verschwinde jetzunder auch!

Unbekannter Verfasser
(1860)

Schiller-Quintessenz

Fern von Madrid auf seines Daches Zinnen,
in seiner Kaiserpracht saß König Franz.
„Wie wird mir?“ brüllt er mit vergnügten Sinnen,
„Was ist das Leben ohne Liebesglanz?
Der Helm ist mein! Das ist das Los des Schönen
in seines Nichts durchbohrendem Gefühl;
und will der Lorbeer hier sich nicht gewöhnen –
Platz! Platz! O unglücksel'ges Flötenspiel!

Leicht beieinander wohnen die Gedanken,
‚Du hast's erreicht, Octavio!‘ spricht Zeus.
So ford'r ich mein Jahrhundert in die Schranken,
denn nur die Liebe ist der Liebe Preis.
Des Lebens Mai blüht einmal und nicht wieder,
o Königin, das Leben ist doch schön!
Das aber denkt ganz wie ein Seifensieder:
‚Max, bleibe bei mir! bleib! Der Mohr kann gehn!‘

Blendwerk der Hölle, du bist blaß, Luise!
Was ist der langen Rede kurzer Sinn?
Ein Augenblick gelebt im Paradiese,
das ist die Stelle, wo ich sterblich bin.“
Und sieh, er zählt die Häupter seiner Lieben,
das Spiel des Lebens sieht sich heiter an:
Kurz ist der Schmerz, das Phlegma ist geblieben,
die Axt im Haus erspart den Zimmermann.

Es wächst der Mensch mit seinen größern Zwecken,
eng ist die Welt, und das Gehirn ist weit,
spät kommt ihr, doch ihr kommt, den Leu zu wecken,
ernst ist der Anblick der Notwendigkeit.
Der Lebende hat recht, den Leib zu malen;
wer wagt es, was die innere Stimme spricht?
Nacht muß es sein, wo Friedlands Sterne strahlen –
Unsinn, du siegst, und Minna kennt mich nicht!

Edwin Bormann

Flickschneiders Frühlingslied

Die linden Lüfte sind erwacht,
nun muß ich trennen Tag und Nacht,
was mir die Kunden senden.
Kein frischer Stoff, kein neues Tuch,
doch alte Hosen und Röcke genug –
nun muß ich alles, alles wenden.

Die Welt wird schöner mit jedem Tag,
was lange verborgen im Schranke lag,
blüht auf unter meinen Händen.
Der Überzieher und der Frack,
die Weste und das Hosenwrack –
nun muß ich alles, alles wenden!

Unbekannter Verfasser
(um 1860)

Frei nach einem alten Dichter

Wird bei Nacht dir die Ruhe geraubt durch hüpfender Flöhe
Piekende Schar und sanft anschleichende Wanzen, so gibt es
Viele der Zauber, allein nur einer, nur dieser ist wirksam:
Ehe du fährst in das Bett, sprich: Flukifligukiwanzuki,
Grillapaddunk und Krotterottotter und Mäusekaratta!
Neunmal sage den Spruch, und jedesmal trinke dazwischen
Drei der Gläser von ungrischem Wein – es geht auch mit Rheinwein!
Hast du nun ganz vollbracht das Sprüchleinsagen und Trinken,
Siehe, so beißt kein Floh; und beißt dich auch einer, so beiß' er:
Nichts doch fühlst du, du schnarchst wie die seligen Götter des Himmels.

August Kopisch

Der Liebe höchstes Lied

Es lebt der Zobel in Sibirien,
in der Sahara lebt der Gnu,
es lebt der Säufer in Delirien –
in meinem Herzen lebst nur du!

Es schwimmt im Öle die Sardine,
doch schwimmt sie drin nur ab und zu,
in ihrem Honig schwimmt die Biene –
in meinem Herzen schwimmst nur du!

Es sitzt der Kutscher auf dem Bocke,
der Geizhals sitzt auf seiner Truh,
die Gregarine in der Locke –
in meinem Herzen sitzt nur du!

An Meeresklippen hängen Algen,
die Jungfrau hängt ihr Fenster zu,
es hängt der Räuber an dem Galgen –
an meinem Herzen hängst nur du!

Es liegt der Stier in heißen Tagen
am Bachesrand in stiller Ruh,
es liegt der Knödel in dem Magen –
in meinem Herzen liegst nur du!

Im seidnen Kleide steckt die Schöne,
doch steckt sie drin nur ab und zu,
in Lederhosen stecken Beene –
in meinem Herzen steckst nur du!

Es spuckt der Hausknecht in die Hände,
beim Wichsen spuckt er auf den Schuh,
der Pferdeknecht spuckt an die Wände –
in meinem Herzen spukst nur du!

Unbekannter Verfasser

Olla Potrida, musikalische Gedanken und Empfindungen oder: Die neueste deutsche Oper

Ouvertüre

Der Musika zu Ehren
läßt das Orchester sich hören:
denn Dekorationen,
Prozessionen,
Tartaren, Janitscharen,
Kalmüken und Husaren,
Völker aus allen Zonen
werden dort ziehn und thronen.

Wohlauf, ihr Geigen,
zum Schwirren und Steigen!
Wohlauf, Trompeten,
zu morden und töten,
und ihr, Posaunen,
zum Staunen!

Auch ihr, Schalmeien,
müsset drein schreien,
Oboen, Oboen
quicken und drohen,
die Flöte klagt,
das Hüfthorn jagt,
der Brummbaß brummt.
Auf der Vorhang! Klapps! Alles verstummt.

ERSTE SZENE

Duett

1. In lieblichen Flammen
   treten wir zusammen.
2. Zusammen
   in Flammen.
1. Herzlich,

2. schmerzlich.
1. O süßer Schmerz;
2. o süßes Herz!
1. Schmachtend, sehnend,
2. seufzend, tränend.
1.2. O Liebespein!
1. Muß es so sein?
2. Es muß so sein.
1. So geb ich mich darein.
1.2. Darein.

ZWEITE SZENE

Terzett

3. Die Liebe fordert Kraft und Mut
so wie der dürre Zunder Glut.
Hier Stahl! hier Stein! hier Stein! hier Stahl!
Ping! pang!
Twing! twang!
Da brennt das Zünderlein!
1.2. Zünderlein!
Ach, da brennt das Zünderlein.
1. Wohlan! Ich habe Mut!
2. Wohlan! Ich habe Glut!
1. Frischen Mut!
2. Junges Blut!
3. Seid auf der Hut!
1.2. Schon gut! schon gut!
Wut!

DRITTE SZENE

Duett

1. Auf Knien!
2. Verziehn!
1. Wie schlägt mein Herz!
Tick Tack!
2. Es bricht mein Herz!
Krick Krack!
1. Lieschen, wie heißt du?

2. Hänschen, wie beißt du?
Wie beißt du!
1. Es war nur Scherz.
2. Nur Scherz?

Sextett

1. O welch ein Lärmen!
2. Ich beschwöre den Himmel!
1. O welch ein Schwärmen!
2. Welch ein Getümmel!
3. Hört ihr die Lüfte pfeifen?
4. Hört ihr die Liebenden keifen?
5. Die pfeifen!
Die keifen!
6. Das Kätzchen ächzt: Miau!
1.2.3.4.5.6. Die Hunde heulen: Wau!
Wau! Wau!

VIERTE SZENE

Chor: Doch seht, da kommt von ungefähr
die liebe Sonne wieder her.
1. O Sonne!
2. O Wonne!
3. Wie die Weste schmeicheln!
4. Wie die Zephirs heucheln!
5. Und die Blumen sich neigen
6. und die Gipfel sich beugen.
1.2.3.4.5.6. (Alle in lieblichem Gewirr durcheinander:)
Sonne, Wonne, heucheln, schmeicheln, beugen, neigen,
Blumen, Gipfel, Weste, Zephirs
1. Rohrdommel trommelt dort im Rohr.
2. Sieh, auch der Esel guckt hervor;
3. die Lerche singt ihr Tireli,
4. das Kücklein zirpt Pipi,
3.4. das Hähnchen Kikriki.
5. Das dumme Rindvieh ruft: Muh! Muh!
Der schlaue Kuckuck: Kukuku!

FÜNFTE SZENE

Duett

1. Und horch, da schlägt die Nachtigall!
   O welch ein Schall!
2. Und dort ertönt des Hirten Flöte!
   Sie kommt, die holde Abendröte.
1. Süße Flöte!
2. Abendröte!
1. Ach, er singt so schöne Lieder!
2. Und sie glänzt so lieblich süß.
   Göttin Echo, blase wieder!
1. Hört, die gute Göttin blies!
2. Süß! Süß!
1. Und wie der Mond
   am Himmel thront,
2. wo Lieb und Treue wohnt.
1. Reich mir dein Händchen,
2. gib mir dein Mündchen!
1. O welch ein Pfändchen,
   o süßes Kindchen!
2. O Paradies!

1.2. Wie süß! wie süß!

1. Doch sieh, da kommen die Feen schon!
   Titania ist auf dem Thron.
   Wie sie in die Blüten schlüpfen!
2. Wie sie auf den Wiesen hüpfen!
1. Sie singen ihrer Königin
   mit munterm Tritt und leichtem Sinn
   ihr Schlaflied: Lullabei!
   Lulla-lulla-lullabei!
2. Und der Käfer summt: Dai Dai!
1. Aufgeschaut!
2. Liebchen, mich graut!
1. Der Mond scheint hell!
   Der Tod reit' schnell,
   hu, hu!
2. Komm, Liebchen, komm zur Ruh.

Abschied

1. So enden denn heut unsre Lieder.
2. Und übermorgen kommt ihr wieder.

Alle. Wir kommen wieder.
1.2. Adieu!
Alle. O weh!

Der Nachtwächter

Ihr lieben Leute, seid munter und wacht,
mit Tönen in der dunklen Nacht
hat sich ein Geist verschworen;
er faßt euch bei den Ohren.
(Herausströmende Menge in fröhlichem Taumel:)
Chor: Ja Ohren!
1. Liebchen, wie heißt du?
2. Schätzchen, wie schreist du!
Wie schreist du!
Nachtwächter: Drum findet glücklich euer Haus
und schlafet das Getön hinaus.
Seid morgen neugeboren
an Herz, Verstand und Ohren.
Chor: Ja Ohren!
Nachtwächter: Die Toren!
Zeit verloren!
Erfroren!

Johann Gottfried Herder

Eine Militär-Instruktion

§ 1 Wenn der Soldat im Theater ist und Seine Majestät der König treten in die Hofloge, so hat der Soldat sich augenblicklich, nicht, wie bisher öfter vorgekommen, auf der einen Seite später als auf der andern, sondern auf beiden Seiten zugleich zu erheben.

§ 2 Dasselbe gilt von dem Eintritt Ihrer Majestät der Königin.

§ 3 Da man nie wissen kann, in welchem Augenblick die Majestäten in ihre Hoflogen zu treten geruhen, so hat der Soldat im Theater fortwährend stehen zu bleiben.

§ 4 Die Wachen haben die ihnen vorgeschriebenen Ehrenbezeigungen vor den Majestäten pünktlich, nie zu spät, abzugeben.

§ 5 Die Entschuldigung, der Soldat habe die Allerhöchsten Personen nicht erkannt, wird in Zukunft nicht mehr angenommen.

§ 6 Um dieselbe zu beseitigen, erhält der Soldat ein photographisches Porträt der Majestäten. Derselbe hat dasselbe stets bei sich zu führen und jeden an ihm Vorübergehenden anzuhalten, um dessen etwaige Ähnlichkeit mit dem Bilde zu konstatieren.

§ 7 Ebensowenig wird die Entschuldigung angenommen, der Soldat habe die Majestäten nicht erkannt, weil Allerhöchstdieselben in geschlossener Chaise vorübergefahren seien.

§ 8 Um derartige Mißverständnisse zu vermeiden, hat der Soldat vor jeder geschlossenen Hofchaise die vorgeschriebenen Ehrenbezeigungen abzugeben.

§ 9 Um etwaige Zweifel zu beseitigen, ob eine vorüberfahrende Chaise eine Hofchaise sei, hat der Soldat vor jeder vorüberfahrenden Chaise die vorgeschriebenen Ehrenbezeigungen abzugeben.

§ 10 Im Zweifelfalle, ob ein vorüberfahrender Wagen eine Chaise sei, hat der Soldat vor jedem Wagen die vorgeschriebenen Ehrenbezeigungen abzugeben.

§ 11 Da der Soldat nie wissen kann, wann ein Wagen vorüberfahren wird, so hat derselbe immerwährend die vorgeschriebenen Ehrenbezeigungen abzugeben.

§ 12 Nur so kann das Vaterland gegen äußere und innere Feinde erfolgreich verteidigt werden.

Unbekannter Verfasser
(1866)

Deutsches Badehosenlied 1907

Der neugegründete Berliner „Verein der Badegäste" vom Freibad Wannsee hat die Einführung einer schwarzweißroten Vereinsbadehose beschlossen.

Eng schmiegt die Hose schwarzweißrot
um unsre Hüften sich,
daß keine Schamverletzung droht
dem Menschen wie dem Fisch.
Für Deutschlands Ehre, Macht und Ruhm
ziehn wir die Hose an,
so kennt doch gleich das Publikum
den patriot'schen Mann.
Ihr woll'n wir treu ergeben sein,
der Hose schwarzweißrot,
mit ihr umgürtet geht's hinein
ins Bad bis an den Tod!

Der Farben Deutung ist gar hehr,
denn innig sie umschließt,
woraus dem stolzen, deutschen Heer
stets neue Kraft ersprießt.
Und wenn im Wasser tief betrübt
er nicht recht schwimmen kann,
trägt die Begeistrung, oft geübt,
den patriot'schen Mann.
Drum daß Begeistrung stets uns loht
und niemals wer ersäuft,
legt an die Hose schwarzweißrot,
wer in das Freibad läuft!

Benjamin
(1907)

Niedliches Mordchengeschichtchen

(Ein Romänchen à la Nippfigürchen)

Am Himmel schien das Möndchen so hell
ins Blumengärtchen herniederchen
auf Röschen, Tulpchen und Fliederchen.
Dort weilet traulich auf einsamer Stell'
Händchen in Händchen ein kosendes Pärchen,
ein wunderniedliches kleines Referendärchen
und sein noch viel niedlicheres Liebchen namens Klärchen.
Sie schauen hinauf nach dem Firmamentchen
zu den funkelnden Sternchen und dem silbernen Möndchen;
zu ihren Füßen murmelt ein niedliches Quellchen,
und auf den Bäumen schlagen die Nachtigällchen.
Da nahet von fern ein Herrchen aus dem Städtchen,
so drollig, so rund und so graziös wie am Drähtchen,
ein ganz kleines, allerliebstes Geheimrätchen,
Konstitutionellerchen und Volksrepräsentäntchen
im ersten Kämmerchen vom Parlamentchen;
und wie es erschaut das liebende Pärchen,
ruft es empört: „Treuloses Klärchen!
so höhnst du meinem glühenden Herzchen?!
So spielst du mit meiner Liebe Schmerzchen?!"
Und er nimmt sein Federmesserchen, prüft das Spitzchen und droht –
und – – sticht das Referendärchen ein kleines bißchen tot.
Doch was geschieht im nächsten Sekündchen?
Klärchen reißt das Federmesserchen geschwindchen
dem Geheimrätchen aus dem Händchen
und durchbohret drauf – o welches Lamentchen! –
erst ihn und dann sich selbst – ach Jeminum!
Das murmelnde Quellchen wurde stumm,
Sternchen und Möndchen gehen hinter die Wölkchen hinum,
es schweigen der Nachtigällchen Liederchen,
drei Herzchen liegen gebrochen daniederchen.
Und das nächste Morgenrotchen
streuet Röschen auf die drei Totchen.

Wär's nicht geschehn – dann wären das Referendärchen
und sein Klärchen bereits ein Pärchen!
Das kleine Geheimrätchen Ministerchen prächtig,
stolz, erhaben und großmächtig,
und das Referendärchen Assessorchen beim Oberländchen-
Gerichtchen.
Was gehen doch in der Liebe für schöne Hoffnungen zunicht-
chen!

Unbekannter Verfasser (um 1840)

Gebet vor dem Ball

Mutter, ich rufe dich!
Tosend durchzuckt mir die fiebernden Sehnen
schon die Erwartung des kommenden Schönen;
Mutter, das Mieder! Ich rufe dich,
Mutter, du schnüre mich!

Mutter, du schnüre mich!
Schnür mich nur fest, und sei es zu Tode,
fall' ich, so fall' ich als Opfer der Mode,
schlank will ich sein, darum schnüre mich;
Mutter, du ziehst ja nich!

Mutter, du ziehst ja nich!
Hast du die Kraft nicht, zu schnüren mich fester,
helfe dir denn meine jüngere Schwester,
die heut mich beneidet. O neide mich.
Schwester, nur spute dich!

Schwester, o spute dich!
Wirst du nicht fertig allein mit dem Mieder,
rufe herbei mir den stärksten der Brüder.
Weh, es wird spät! Ich beschwöre dich,
Bruder, du rette mich!

Bruder, du rette mich!
Zieh mit den jungen und kräftigen Armen,
habe nur jetzt nicht ein falsches Erbarmen,
sonst ruf' ich den Vater! Du schnüre mich,
Vater, ich rufe dich!

Und es zieht mächtig die ganze Familie,
schnüret das Mieder so schlank wie 'ne Lilie.
Plötzlich ein Krach – da zerreißt es schon:
Siehste, das kommt davon.

Kory Towska (d. i. Kory Elisabeth Rosenbaum)

Liebesjubel

Ich ritzt' es gern in alle Rüben ein,
ich stampft' es gern in jeden Pflasterstein,
ich biß es gern in jeden Apfel rot,
ich strich' es gern auf jedes Butterbrot,
auf Wand, Tisch, Boden, Fenster möcht' ich's schreiben:
Dein ist mein Herz und soll es ewig bleiben!

Ich schör' es gern in jede Taxusheck',
graviert' es gern in jedes Eßbesteck,
ich sät' es gern als lecker grüne Saat
ins Gartenbeet mit Kohlkopf und Salat,
in alle Marzipane möcht' ich's drücken
und spicken gern in alle Hasenrücken
und zuckerzäh auf alle Torten treiben:
Dein ist mein Herz und soll es ewig bleiben!!

Ich möcht' mir ziehn ein junges Känguruh,
bis daß es spräch' die Worte immerzu;
zehn junge Kälbchen sollen froh sie brüllen;
hell wiehern hundert buntgescheckte Füllen;

trompeten eine Elefantenherde –
ja, was nur kreucht und fleucht auf dieser Erde,
das soll sie schmettern, pfeifen, quaken, bellen,
bis daß es dröhnt in allen Trommelfellen
mit einem Lärm, der gar nicht zu beschreiben:
Dein ist mein Herz und soll es ewig bleiben!!!

Hanns von Gumppenberg

Im May

(„Stell auf den Tisch die duftenden Reseden...")

Stell auf den Tisch, nicht um sie zu verhökern,
die Schätze unsrer Jugendbücherei,
nein! laß uns einmal wieder selig schmökern
wie einst! Im May!

Der „Bärentöter" knallt, die wackre Büchse,
dumpf tönt es: Hugh, ein unterdrückter Schrei.
Das Edle siegt, die Bösen kriegen Wichse
wie einst! Im May!

Man liest und liest, bis man total verdöste,
der Morgen graut, man liest und seufzt dabei:
Ach! Wenn sich alles doch so glücklich löste
wie einst! Im May!

Walther Deneke

Gespensterballade

Eine Morgensternschnuppe

Gespinst
Gespunk
Es grinst
Der Unk
Im Wald
Am Teich
So kalt
So bleich.

Der Sumpf
Bespinnt
Sich dumpf
Und blind.
Was schaut
Der Elb?
Schon graut
Es gelb.

Was schrie
Im Schilf?
Mari-
A hilf!
Was lacht
Der Glimm?
Die Nacht
Ist schlimm.

Erich Weinert

Tanzlied

von Friedrich Quietzsche

Fort, sinnegrübelnde Schleichekultur!
Komm, jubelkehlfröhliche Tanzenatur,
triumphtrommelwirbelnder Übermutschnalzer,
quietschseelenvergnügter Überschnappwalzer,
laß mich, Rixdorfer scherbelnd, ein Übermensch sein,
tanzliederschwingend mein Überbein,
stiernackigstolz Weltraumergänzendes,
tagriesengroß Göttlicherglänzendes!
Häng dir den Kranz um,
drehe dich ganz rum,
Schrumm – Bum!

Unbekannter Verfasser
(um 1910)

Gesegnete Weiherstunde

Ein Weiser schritt am Weiher hin,
er trug ein neu Gedicht im Sinn,
quak, quak.

Und als er eine Weil' gedacht,
da hat er einen Reim gemacht,
quak, quak.

Der Reim, er schien ihm süß Getön
und der Gedanke gar so schön,
quak, quak.

Er schrieb ihn in sein Buch hinein,
da fiel ihm gleich ein Dutzend ein,
quak, quak.

Und als er es gesungen aus,
da ging er mit dem Lied nach Haus,
quak, quak.

Am gleichen Tag noch sandt' er's hin
zum Druck ins neue Magazin,
quak, quak.

Ob wohl auch bald ein Komponist
für das Gedicht gefunden ist?
Quak, quak.

Martin Greif

Trinklied

von Walter Drehmel

Daglonigleiaglühlala –
Hahaha!
Daglonigloni,
Noch eins, Vroni!
Daglonigleia,
Eia! Eia!
Daglonigluckgluckgluhlala,
Trulala!
Hohoho!
Oho!
– – – – –
Ha! – – –
– ⌒ ⌒ –
Ah? – ⌒
– ⌒ ⌒ –
! ! ! ! ! ! !
– ? –

Unbekannter Verfasser
(um 1910)

Die gebratene Flunder

Tanz-Poem der „tiefen“ Richtung

Die gebratene Flunder sitzt auf dem gelbseidenen
Familiensofa und sinnt – sinnt lange.
Plötzlich springt sie auf und schaut den heiligen Nepomuk,
der sich im Schaukelstuhl ein bißchen schaukelt, durchdringend an.
Dann ruft sie, während sie auf ihrem knusprigen Schwanze
in der Stube herumhopst:
„Nepomuk, du solltest Kaiser von Pangermanien werden –
wahrhaftig! wirklich!“
„Du hast wohl“, erwidert Nepomuk, „zuviel gebratne
Butter im Kopp!“
Die gebratne Flunder springt auf den Tisch und singt
die Marseillaise.
Da wird der heilige Nepomuk wütend und schlägt mit
der Faust auf den Tisch.
Was geschieht?
Die Lampe fällt runter und explodiert.
Alles verbrennt und stirbt.
Die Asche gibt kein einziges Lebenszeichen von sich.
Hieraus erkennt man wieder, wieviel der Zorn zerstören kann.

Paul Scheerbart

Das Königskind

Ein symbolistisches Märchen

Es war einmal ein Prinz, der hieß Agnes und ging um Mitternacht auf den Kirchhof, um dort zu regieren und sich einen Bart stehen zu lassen. Da begegnete ihm ein Mann, der sich für den mit Recht so verstorbenen Cromwell ausgab, und rief: O kehr um! kehr um! Jener aber verstand: O jerum, jerum! und weinte und wurde zur Nelke. In dem Kelch der Nelke sammelte sich alsbald ein Tautropfen, den man für einen Flamingo ansehen konnte, und als dieser Basilisk sich im Spiegel betrachtete,

erschrak er förmlich, so ähnlich war er. Dieser Schreck fuhr einer vorübergehenden Schäferin in die eigens zu diesem Zweck mitgebrachten Glieder, und sie wurde dermaßen ohnmächtig, daß sie sich sofort mit dem Prinzen verlobte. Und wenn sie nicht gestorben sind, so leben sie heute noch.
Moral: Die Wahrheit ist ein Spiegel, in dem die Nelke der Tugend allen Gefahren zum Trotz ihren eigenen Widerschein findet, ohne sich mit dem Blütenkelch der Wehmut zu identifizieren.

Erasmus Schleiereule
(um 1910)

Blaue Lyrik

Was klingeln matte Lichter
Ob meiner Seele Sumpf –
Was züngeln Quergesichter
Um meiner Hoffnung Stumpf?
O Schlingel ihr und Wichter,
Benagt nur meinen Rumpf –
Ich fühl's, ich bin ein Dichter:
Heut ist Meschugge Trumpf!

Otto Erich Hartleben

Der Dichter

Das Ziel, wonach der Dichter kieke,
Sei Weltempfindung (mit Musike).

Alfred Kerr

Aus den Werken Ottokar Tiefsinns

(Dichtet nur „Nachlaß“, der im Selbstverlag des Verfassers erscheint)

Herbstbild

Es ist feucht.
Die Natur liegt da
Wie hingegossen.
Eine Nachtigall, eine Turmuhr, mein Herz
Schlagen.
Ich gehe der Nachtigall nach.
Die Turmuhr auch.
Nun bleibt sie stehen.
Ich auch.
Es ist feucht.
Die Nachtigall hört auf.
Das Gedicht noch nicht.
Nun schlägt nur noch mein Herz.
Es ist so still und einsam,
Friedlich, wie auf einem Kirchhof.
Der Wind bläst hinter mein Ohr.
Es ist feucht.
Sehr feucht.

Karl Ettlinger

Dichterjargon

Wer allzu lange sind ist,
ob arm, geht sich bei dem,
das einmal es oft lieber sein,
drum wird ja ohnedem,
mitsammen, ja denn so kann,
bei Deinem nicht schon sein,
sobald man kann es bleiben soll,
zusammen fein zu sein...

Karl Valentin

Der Walfafisch
oder Das Überwasser

Das Wasser rinnt, das Wasser spinnt,
bis es die ganze Welt gewinnt.
  Das Dorf ersäuft,
  die Eule läuft,
und auf der Eiche sitzt ein Kind.

Dem Kind sind schon die Beinchen naß,
es ruft: „Das Wass, das Wass, das Wass!"
  Der Walfisch weint
  und sagt: „Mir scheint,
  es regnet ohne Unterlaß."

Das Wasser rann mit Zasch und Zisch,
die Erde ward zum Wassertisch.
  Und Kind und Eul',
  o Greul, o Greul –
sie frissifraß der Walfafisch.

Christian Morgenstern

Anmerkungen von Dr. Jeremias Müller

Bemüht sich, in biederer Holzschnittmanier die in den Mythologien aller Völker vorkommende große Flut in ländliche deutsche Verhältnisse zu übertragen. Wir finden ein Dorf, eine Eule, eine Eiche, ein Kind, alles Gegenstände einer sichern und vertrauten Heimatkunst. Auch der Walfisch, welcher auftritt, ist durchaus deutsch. Er könnte vorher vor dem Gehäus des Heiligen Hieronymus gelegen haben. Daß er das Kind sowie die Eule am Schluß „frißt", nachdem er anfangs – aus Mitleid mit dem Kinde – geweint hat, widerspricht dem nicht. Erstens sind Kind und Eule ja doch verloren, und dann macht sich z. B. das Deutsche Reich von heute ja auch nichts daraus, zu fressen, wo es eben etwas zu fressen gibt, auch wenn es noch so oft vorher den Tod des Stifters der christlichen Religion beklagt und sich vor ihm das Versprechen gegeben hat, sein Aug' aufs Ewige und nicht auf Perser oder Hottentotten zu richten.

Hinter dem Oberlehrerkommentar des Dr. Müller verbarg sich Morgenstern selbst; die „Anmerkungen" gab er 1921 bekannt in einem Buch „Über die Galgenlieder", das heute zu den Seltenheiten der Antiquariate gehört. D. Hrsg.

Eine Goethe-Reliquie

Verehrte Redaktion!
Ihren Wunsch, von mir einen Beitrag zu Ihrer Goethe-Nummer zu erhalten, vermag ich zu erfüllen. Ich bin nämlich im Besitz einer Goethe-Reliquie, welche ich hiermit in Kopie – Sie begreifen, daß ich das unschätzbare Original nicht aus der Hand gebe – Ihrer Zeitschrift überlasse. Über den Wert einer solchen Reliquie brauche ich kein Wort zu verlieren. Die Goethe-Forschung, das Goethe-Jahrbuch usw. haben uns längst gelehrt, daß auch das Gleichgültigste, wenn es noch so entfernt auf Goethe sich bezieht, ein heiliges Besitztum der Nation ist oder werden muß. Doch nun zur Sache.
Die Reliquie besteht in einem Briefe, genauer: dem Passus eines Briefes, den im Jahre 1831 ein Herr Müller (Biographisches über ihn habe ich noch nicht finden können, werde jedoch im Interesse der deutschen Literaturgeschichte meine Forschungen fortsetzen) an meinen Großvater (bezüglich dessen ich nähere Mitteilungen in einer Fachzeitschrift machen werde) gerichtet hat. Darin heißt es: „Meine Frau will, ich soll Goethe brieflich um ein Autogramm für ihre Sammlung bitten. Ich kenne ihn nicht und tu's nicht gern, aber Du weißt ja: wenn man ihren Willen nicht tut, brummt sie."
Ob Müller an Goethe geschrieben und ob dieser geantwortet hat, weiß ich nicht. Das ist aber auch gleichgültig gegenüber der Tatsache, daß uns hier Goethe, ein Jahr vor seinem Tode, als ein Mann entgegentritt, an welchen jemand schreiben will, um von ihm ein Autogramm zu erbitten. Denken Sie sich, was Goethe

hätte schreiben können! Es ist unbestreitbar, daß das, was er hätte schreiben können, zum Schönsten und Tiefsten zählt, was jemals der Weltliteratur verlorengegangen ist. Aber nicht nur als Dichter erscheint er in jener kostbaren Briefstelle – auch in der menschlich so edlen Rolle des Versöhners, des Friedensbringers zwischen Mann und Frau. Welch ein Licht wirft dies auf seine Anschauungen über die Ehe im allgemeinen, auf seine eigene Ehe, auf Christiane Vulpius und seinen Sohn August!
Ich hoffe, durch eine kommentierte Separatausgabe jener Briefstelle eine philologische Professur zu erwerben. Einstweilen aber soll der Text – ohne Kommentar – dem deutschen Volke nicht länger vorenthalten bleiben.

München, im Jahre des
XX. Bandes des Goethe-Jahrbuchs

Hochachtungsvoll

. . . .

Max Bernstein

Weshalb sind Optimisten kluge Menschen?

(Eine allgemeinverständliche Untersuchung)

Wenn zur wissenschaftlichen Abhandlung von Opti- und Pessimismus ein nur geringer Abstand in ein, oder besser gesagt, vergleichswidrigen Weise einschneidende Bedingungen gezogen werden sollten, so könnte man in Verlegenheiten absoluter Eindeutigkeitsformen einen Vergleich von eminenten Störungen charakteristischer Persönlichkeiten geben, wie dieselben schon in Urformen geistiger Kapazitätskuriositäten mehr oder weniger Bedeutung zum Ausdruck gebracht haben, ohne eine Weltumsichtigkeitsparallele in vollem Einklange von Individualitätszirkulationen der Zentralstätte der menschlichen Gesinnungsprinzipien den Einschlag in höhere Dimensionen seitens der Struktur männlicher und weiblicher Wesen zu demittieren. Spinoza und Nietzsche waren schon der konträren Meinung, daß Strahlen der ausgedehnten Zellenstaathormone keinerlei Anhalt geben, die Gehirn und Seelengleichheiten gleichgeschalteter Pygmäen von Spannungszentralen einer Wechselwirkung unterliegt, die bei den Pessimisten und Optimisten zu Tage treten und einige Klugheit bei den einen wie bei den andern Charakterindividuen in Erscheinung treten lassen, die Wissenschaft von heute immer vor ein unlösbares Problem stellen. Und so kann man nun ruhig annehmen, daß das Problem zur Erforschung, ob Optimismus die Schlußfolgerung zur Klugheit bindet, als gelöst und zwar als ungelöst erscheint.

Karl Valentin

Negative Liebesgeschichte

In der Nähe von Onkel Arthurs Grundstück stand zwischen mehreren blühenden Jasminbüschen eine alte, zerfurchte Bank. Hätte diese Bank zum Sitzen eingeladen, wäre sie womöglich frisch gestrichen gewesen, und hätte sich darauf am Ende eine Liebesgeschichte unter jungen Leuten abgespielt, so würde dieses Geschehnis kaum des Erzählens wert sein, denn Liebesgeschichten unter jungen Leuten auf frischgestrichenen Bänken im Grünen sind schon so viel berichtet worden, daß ihnen schwerlich noch eine interessante Seite abzugewinnen sein dürfte.
Die Bank, von der hier die Rede ist, stand wohl im Grünen, aber sie war *nicht* frisch gestrichen. In den Zweigen über ihr sang zwar ein Vogel. Dennoch näherte sich der Bank nicht, wie man vielleicht annehmen könnte, ein blondes Mädchen in einem wehenden, weitfaltigen, kognakfarbenen, tiefausgeschnittenen Kleid, das einige kurvige Formen noch voller zur Geltung brachte, als sie in Anbetracht der Jugend des Mädchens eigentlich sein konnten.
Es kam also kein solches Mädchen und nahm Platz, um in einem Buch zu lesen. Ebensowenig näherte sich nach einer Weile von der anderen Seite her ein netter junger Mann mit einem frischen Gesicht über dem offenen Hemdkragen und einem Gang, der den durchtrainierten Sportler zu verraten schien.

Er kam nicht und rief auch nicht mit einem etwas durchtriebenen Lächeln: „Morgen, Fräulein Annelies! Sie erlauben doch, was?"
Natürlich konnte, da sie nicht da war, die Annelies auf diese nicht gesprochenen Worte des jungen Mannes weder flüchtig nicken noch sich tiefer in ihr Buch vertiefen, wobei ihr sonst vielleicht eine zartrosa Welle über die Wangen gehuscht wäre.
Und was tat der junge Mann jetzt nicht? Er pfiff nicht gleichmütig einen Schlager vor sich hin und rückte ebensowenig näher, um mit einigen undeutlich gemurmelten Worten seinen Arm um das Fräulein Annelies zu legen.
Kaum spürte das Mädchen die Berührung nicht, als dem jungen Mann schon keine klatschende Ohrfeige im Gesicht saß. „So geht es Frechdachsen", schwieg die Annelies.
„Und so geht es Kratzbürsten", schwieg der Jüngling zurück und packte weder das heftig widerstrebende Mädchen, bis er ihren Mund kußgerecht unter dem seinen spürte, noch küßte er sie wild, was sie, sich mit einem kleinen Stöhnen ergebend, denn auch mit gleicher Heftigkeit nicht erwiderte.
Wie gesagt, all diese Dinge geschahen nicht.
Am meisten bedauerte das wohl die alte Bank selbst. Sie stöhnte und ächzte, während Onkel Arthur und ich ihr mit der Schrotsäge zu Leibe gingen.
Aber vielleicht hat die alte Bank zu Unrecht gestöhnt. Sie stand ja auch zu Unrecht zwischen dem blühenden Jasmin. Sie war nämlich, aus Onkel Arthurs Schuppen geholt und für Tante Olgas Küchenherd bestimmt, nur eine alte, bescheidene, ausgediente Hobelbank.

Erwin F. B. Albrecht

Moderne Umgangssprache

Szene in einem Lebensmittelgeschäft

Kunde: Wie lange ist denn dieser Laden auf?
Verkäufer: Nun, die Öffnungszeiten sind aus dem Aushang am Eingang zur Verkaufsstelle ersichtlich. Dieselben belaufen sich bis auf 18 Uhr.
Kunde: Da geben Sie mir gleich noch drei Pullen Selters mit.
Verkäufer: Bitte sehr. Führen Sie Leergut mit sich?
Kunde: (reicht ihm nach einem kleinen Zögern drei leere Seltersflaschen)
Verkäufer: Dann ermäßigt sich der Einzelverkaufspreis des Kleinhandels um dreißig Pfennig pro Flasche, da der ortsübliche Pfandsatz in Abzug des Preises ... ähm ... dem Preis ... also in Abzug – gelangt.
Kundin (hat mit einem Blick auf ihren Ärmel entdeckt, daß der Ladentisch staubig sein muß): Staub wischen müßten Sie hier mal.
Verkäufer: Entschuldigen Sie bitte, werte Käuferschaft. Wir gerieten durch den heutigen außerplanmäßigen Ausfall unserer weiblichen Reinigungskraft in einen vorübergehenden Engpaß, der schnellstens abgestellt werden wird, worum wir derzeitigst noch im Kampfe liegen. Und was darf es sein?
Kundin: Ich hätte 'n Paket Streichhölzer. Macht?
Verkäufer: Moment, das haben wir gleich ... so ... der Verbraucherendpreis beträgt Em zwo ...
Kundin (zahlt und geht)
Kunde: Die kommt mir so bekannt vor, wer war'n das?
Verkäufer: Oh – sie ist Mitglied eines in der Nähe tätigen Kleinstgaststättenleiterehepaares.
Kunde: Wieso Mitglied? Wie meinen Sie'n das?
Verkäufer: Nun, sie ist gewissermaßen – eine Kleinstgaststättenleiterehehälfte. Die Frau des Kleinstgaststättenleiters, welche selbst an der Leitung sowie an dem Mann ... ähm ... beteiligt ist. Ein Mann gehört natürlich dazu, denn schließlich hat jedes Ehepaar ... also ...
Kunde: ...mindestens zwei Mitglieder. Haben Sie Tomatenmark?

Verkäufer: Soeben angeliefert. Mit 20 Prozent TS, wenn es recht ist.
Kunde: Mit was?
Verkäufer: 20 Prozent TS.
Kunde: 20 Prozent Tenorsaxophon?
Verkäufer: Aber nein doch. TS ist die offizielle Abkürzung für den anteiligen Gehalt der nahrungsmittelchemohygienisch zugelassenen Menge von Trocken-Substanz.
Kunde: Sie kennen sich aus. Sie sind wohl schon lange Verkäufer?
Verkäufer: Eigentlich nicht. Ursprünglich wollte ich die Laufbahn eines Kältemonteurs ... nun, wie sagt man ... einschlagen. Aber da traten Hemmnisse auf, nach deren Überwindung ich für eine kurze Periode als Leergutbearbeiter zur Wirkung gelangte. Ich entwickelte mich dann noch höher zum Vergolder von Bilderrahmen hinauf. Darauf erfolgte die nunmehrige Bekleidung einer Stellung als Verkaufskraft.
Kunde: Wirklich ausgezeichnet. Und Sie sprechen auch so fein!
Verkäufer: Nein doch, nein doch. Man trachtet natürlich nach der Erlangung von Bildung und danach, dieselbe ständig noch mehr zu verbreitern. Zwecks Erringung dieses hohen Zieles studiere ich laufend unsere Presse einschließlich der Anzeigenteile.
Kunde: Mann, Sie müßten selber Journalist werden!
Verkäufer: Sie Schmeichler. Journalist! Wo unsereiner doch bloß die Umgangssprache beherrscht!

Lothar Kusche

Der Drang zur Lyrik

Der Autor kommt ins Ferienheim
aus lärmerfüllter Stadt;
er hat die Stadt ganz einfach satt,
ihn zieht's zum frischen grünen Keim,
weil er nach Landluft Sehnsucht hat.

Er kam erst kurz vor Mitternacht
und ist frühmorgens schon erwacht.
Ausgeschlafen hat er nicht –
erst mal ein Jedicht!

Pappeln, gebohrt in die fahlen
Wolken am Morgen wie irdische Zeigefinger
In eine himmlische Nase –

Ob das geht?
Ob das schon wo steht?

Der Autor geht zum Frühstückstisch
und streicht sich Butter auf das Brot,
denn Butterbrot macht Wangen rot.
Die Eier sind hier wirklich frisch;
sein Magen leidet keine Not.
Die Marmelade läßt er stehn:
Er muß erst mal empfinden gehn.
Ganz gesättigt ist er nicht –
erst mal ein Jedicht!

Der Schwäne elliptische Spur,
Ein Hauch auf dem zitternden Spiegelglas
Des Sees. Die alte Trauer, eingefroren
In den dunklen Augen der Vögel –

Ob das geht?
Ob das schon wo steht?

Der Autor liebt mit aller Kraft
die Welt. Er achtet brav
das Reglement, hält Mittagsschlaf,
liebt Hügel, Gras, Tomatensaft,
auch Käfer, Mensch und Schaf.
Indes die Ruhe bleibt ihm fern:
Er hat die Poesie so gern.
Fernsehn will er jetzt noch nicht –
Erst mal ein Jedicht!

Hinter den Birken ungewisse
Konturen. Rasende Partikelchen von
Sonnenlicht über den dunklen

Grüften ferner, nie
Betretener Wälder –
Ob das geht?
Ob das schon wo steht?

Dem Autor pulst Natur im Blut.
Er fühlt sich innerlich ganz rein;
es ist so schön, Poet zu sein.
Auch tut die kühle Luft ihm gut.
Die Kunst ist groß. Die Welt ist klein.
Die Menschheit sinnt auf Änderung;
sie macht die alte Erde jung.
Der Autor ignoriert das nicht.
Aber
erst mal ein Jedicht!
Halbmond, schweigende Laterne
Der sanften Trauer, rauchlose Kerze der
Liebenden, schwebender Gefährte der
Sterne und der
Sehnsucht –
Ob das geht?
Ob das schon wo steht?
Ob das sitzt?
Ob's was nützt?

So entdichtet und zugleich gestärkt,
fühlt der Autor Überdruck von
Schaffenskraft im Hirnkessel, seufzt und
schichtet lächelnd Schreibpapier,
öffnet sein Ventil, und zischend strömt
Erzähler-Wut
hinein in die Novelle von
Tischler Krauskopfs ökonomischem
Hobel.

Lothar Kusche

Im Urstromtal

Im Urstromtal, dort wo die Krähe kräht,
wo durch den Schnee das brave Mammut geht,
wo Moos und Flechte wächst am Gletscherrand,
entsteht dereinst ein Ort, Berlin genannt.

Es haust daselbst ein schrecklich wilder Stamm,
der von weither in jene Gegend kam,
den großer Hunger unablässig plagt,
und darum lebt er von der Mammutjagd.

Gehüllt in dickes, warmes Mammutfell,
mit Mammutfleisch genährt, so wächst er schnell.
Bald wird es warm, die Eiszeit endet schon;
und danach kommt die Zivilisation.

Das Mammut stirbt dann aus, es schmilzt das Eis;
doch jener Stamm erwarb als Ehrenpreis
die große Klappe und das dicke Fell –
so lebt das Mammut weiter: ideell.

Erik Simon

Sprachspielsachen

Séance

Hier ist's, wo unter eignem Namen
die Buchstaben sonst zusammenkamen.
Mit Scharlachkleidern angetan,
saßen die Selbstlauter obenan:
A, E, I, O und U dabei,
machten gar ein seltsam Geschrei.
Die Mitlauter kamen mit steifen Schritten,
mußten erst um Erlaubnis bitten.
Präsident A war ihnen geneigt;
da wurd ihnen denn der Platz gezeigt;
andere aber, die mußten stehn,
als Pe-Ha und Te-Ha und solches Getön.
Da gab's ein Gerede, man weiß nicht wie:
Das nennt man eine Akademie.

Johann Wolfgang Goethe

Analysen

Was Dr. Laps über Lepsen schrieb,
hat Dr. Lips seinen Lesern beschrieben;
darauf kam der Dr. Lups und beschrieb,
was Dr. Lips über Lapsen geschrieben.

Otto Sutermeister

Unterschied

Wenn *eine Sau ergraut ist,*
ist sie ein altes Schwein –,
wenn *eine Sauerkraut ißt,*
braucht sie es nicht zu sein.

Otto Sommerstorff

Echte Ortsnamen und echte Widersprüche

In Busendorf gibt's nicht nur stolze Hügel,
und auch in Büste liegt so manches flach,
in Drescha kriegt man keineswegs gleich Prügel,
in Kummer geht man gern der Freude nach.

In Wassersuppe trinkt man Hühnerbrühe,
und selbst in Knoblauch blüht mal der Jasmin,
in Ochsensaal stehn eine Menge Kühe,
an Treibstoff mangelt's auch mal in Benzin.

In Quassel wird bisweilen stur geschwiegen,
in Mausendorf wird selten was geklaut,
und wer in Kotzen wohnt, braucht's nicht zu kriegen,
in Kloster fand schon mancher seine Braut.

In Waldheim wird nicht nur im Wald gesessen,
in Dümmer sind die Menschen klug und schlau,
in Ahlbeck wird meist nur Aal schwarzgegessen,
und selbst in Rosa ist man manchmal blau.

Bei Kindelbrück stimmt endlich mal der Name!
Ich war auf Urlaub dort im vor'gen Mai,
nun schrieb mir eine nette junge Dame,
daß ich der Vater ihres Kindes sei.

Da ich aus Treuen bin, werd' ich nicht kneifen,
ich stehe treu zu meiner Vaterpflicht,
nur meine Frau, die wird sehr lautstark keifen,
mehr aber kaum – sie stammt aus Thumirnicht!

Walter Hofmann

Die wüsten Winterwinde u. a.

Wenn die wüsten Winterwinde wehen,
weißt du, was zur Wehre wählt ein Weiser?
Warme Wohnung, weiche Watt' und wollnes Wams,
weiter: würz'gen Wein und willige Weiber.

Friedrich Rückert

Die treue Trine u. a.

Trau, treue Trine, trüglich trüben Träumen nicht,
treib trotzig triumphierend weg das Traumgesicht,
trockne die Tränen tragischen Trübsals tröpfelnd auf,
trink trauten Traubentrankes Trostestropfen drauf.

Angely (d. i. Angelika von Marquardt)

Bier bleibt Bier

Bauchige bürgerliche bayrische Bier-Brauer brauen beständig bestens bekanntes bayrisches Bier, besonders beliebtes billiges Bedürfnis brüderlichen Beisammenseins bierfreundlicher Bajuwaren. Bloß böswillige Banausen behaupten bekanntlich, berauschendes Bier beherrsche Bayern, bereits begreiflicherweise bodenlose Besäufnisse, begründete Bier-Bäuche, beraube barmherzige Brüder bitter benötigter Brotnahrung, bringe böses Blut. Besagte Beleidigung bestreiten biedere Besserwisser. Belebendes Bier bereitet berauschende, beglückende, bacchantische Belustigung, bewerkstelligt breites Bündnis bierfreudiger Bevölkerung, beschafft Bier-Brauern bleibende Beschäftigung bis bedauernswerter baldiger Beerdigung. Bevor brauchbare Beweise bekannte beleidigende Behauptungen bestätigen, bleibt bayrische Bevölkerung bravourös beim beseligenden Becher besten bayrischen Bieres.

B. Bleibtreu

Windwehe

Von einem W-Gestöber

Wäre wirklich, was man wünschte,
würd' es wohl oft wenig wert sein;
wieder, weil zu wenig wirklich,
will es wenig Wert gewinnen,
während Wünsche wachsend wuchern:
welch ein Wahn- und Wehe-Wechsel!
Wünsche, Wünsche, werdet wenig!
Wünsche, Wünsche, werdet wirklich!
Wirkliches, werd' wirklich wertvoll,
werde wirklich, wie der Wunsch will!
Wehe, werde wenig, winzig!
Wehe, wüstes, werd' erwürget,
wehe weiter, wie der Wind weht!

Karl Schimper

Von vorn wie von hinten

Kleine Palindromen-Parade

Ein Neger mit Gazelle zagt im Regen nie.
Lang ist ein Nietsignal.
Leg in eine so helle Hose nie 'n Igel!
Rettig grub Marie Meir am Burggitter.
Ella rüffelte Detlef für alle.
Eine treue Familie bei Lima feuerte nie.
O renne bei drei Papierdieben, Nero!
Bei Liese sei lieb!
Tates Sorgengrab barg 'ne grosse Tat.
Neuer Dienst mag Amtsneid reuen.
Ida war im Atlas, Abdul lud Basalt am Irawadi.
Regal mit Sirup pur ist im Lager.
Tat er alkoholfrei? Er floh. O klare Tat!

Nie fragt sie: „Ist gefegt?“ Sie ist gar fein.
Ein Lama, Mama, mal nie!
Emma, behend ’ne Hebamme!
Die liebe Tote! Beileid!

Eine Erzählung mit 41 Spiegelwörtern

Richard und *Anna* waren schon vor der *Ehe* oft uneins gewesen. Ihr Vater, früher Meister von der *Elle*, später *Rentner* und jetzt tot, arbeitete einst in einem *Regallager* und fand in einem *Lagerregal* eine *Egge,* die ihm zum Wahrzeichen seiner späteren Liebhaberei wurde. Er sagte oft: *„Ehe* ich *egge* oder *esse, tut* mir ein Gläschen gut.“ Seine Tochter erfuhr durch einen Verwandten, der ein Bücherwurm, ein wahrer *Leseesel* war, von einer bösen *Tat* Richards. *„Aha“*, rief sie, „das also ist deine Treue! Jetzt werde ich dich *nekken*!“ Und begann zu flirten! Das *tat* Richard verdrießen. *„Oho, Madam*!“ schrie er wütend und schlug sie. Darauf entschloß sie sich zur Flucht, wobei ihr eine Verwandte half. Sie konnte ihren *stets netten Neffen nun Retter nennen.* Von Venedig aus, wo sie zur Zeit der *Ebbe* ankam, floh sie weiter auf einem *Reittier,* die auch dort nicht *rar* sind. Der Verfolgung, die jetzt immer *reger* wurde, konnte sie aber trotz Anwendung einer *neuen Trabart* nicht mehr entgehen. Als schlimmes Zeichen nahm sie einen *Kukkuk,* der ihren Weg kreuzte. Dieser führte sie, vorbei an einer verfallenen *Esse,* in deren *Ekke* ein alter *Uhu* hauste, durch eine verlassene Gegend in die Nähe eines *Sees.* Hier sank sie an einem *Reliefpfeiler neben* ihrem *Renner* erschöpft nieder, und Tränen *netzten* ihre Wangen.

Hans Reimann

An Gabriele

Ob ich in *Riga lebe,*
ob ich an der *Elbe agir',*
ob ich mich in *Bari lege*
und die *Lira geb'* dafür;

ob ich dem *Ali gerbe*
das Fell in *Balgerei:*
vor *Labegier* ich sterbe –
Gott steh meinem *Lager bei!*

Ob der *Rabe geil* meiner lauert,
ob das *arge Blei* mich bedroht,
ob der *gare Leib* mir erschauert
vor dem *Ragebeil,* vor dem Tod:

Zu Dir nur mich *arg beeil'* ich,
zög' gerne den *Riegel ab* –
Beilager, Gabriele!
Und ging's ins *Eilegrab!*

Unbekannter Verfasser
(um 1900)

Altersweisheit

Wenn das Greisenalter naht
und die Energien erlahmen,
hüte dich vor jungen Damen
im Teen-A-Sex-Format!

Hansgeorg Stengel

Max auf der Rax

Die Füxe verjuxen den Max auf der Rax!
Halli!
Die Füxe verjuxen den Max auf der Rax!
Hallo!
Sie werden mich jetzt fragen, ob ich nicht etwas spinn.
Doch in dem, was ich sang, liegt ein tieferer Sinn.
Die Geschichte beginnt nämlich so:
Halli! Halli! Hallo!
Es waren die Trixy und obiger Max –
halli!
Es waren die Trixy und obiger Max
schnurstrax eines Tax unterwex auf die Rax,
und da kamen sie auch zu der raxigen Schlucht.
Diese Schlucht hab ich xucht, sagte Max, die hat Wucht!
Halli! Halli! Hallo!

Denn das Echo der raxigen Schlucht ist bekannt –
halli!
Das Echo der raxigen Schlucht ist bekannt
als das laxeste Echo im raxenen Land.
Doch die Trixy, die war schon erwaxen und sprach:
Lieber Max, deine Faxen, die mach ich nicht nach.
Halli! Halli! Hallo!
Da hopste der Max in die Schlucht und rief schnell:
„Halli!“
Und das Echo erwiderte deutlich und hell:
„Hallo!“
Da rief Max voller Zorn (und sein Atem ging schwer):
„Hallo!“
Doch das Echo ertönte genau wie vorher:
„Halli!“
Und gixend hat Max es noch einmal versucht:
„Halli! Halli! Hallo!“
Und das Echo, es gixte zurück in die Schlucht:
„Hallo! Hallo! Halli!“

Da rief Max (und sein Herz schlug ihm bis an den Hals):

„Wie?"

Doch das Echo erwiderte nichts weiter als:

„Wo?"

Und Max rief:

„Ja, Sie!"

Und das Echo:

„Ja, so!"

Und Max rief:

„No wie?"

Und das Echo:

„Niveau?"

Und

„Hollodero!"

wurde

„Hillideri!"

Und

„Ich geh in den Zoo"

war

„Och geh on den Zie".

Und er sank in die Kno –
ich mein, in die Knie –
und wurde nicht froh
bis um sechs in der Früh.
Dann rief er „Hallo!"
und das Echo „Halli!"
Und er wusch Hände und Gesocht
und ging aufs Kli.

Und er dachte verzweifelt:
Ich hab mich blamiert,
mein Leben verpfuscht,
Karriere ruiniert.
Mein Automobil
wird ein Autimibol,
jedes Liebesidyll
ein Lobesodol.
Erreich ich die Spitzen,
sind nichts dort wie Spotzen,

und alle Matritzen
werden Matrotzen.
Statt Milch trink ich Molch,
statt Bier krieg ich Bor,
meine Kiefer werden Koffer,
und aus mir wird ein Mohr.
Will mich wer betrügen,
bin ich schon betrogen,
und will ich was kriegen,
geht's mir an den Krogen.
Halli! Halli! Hallo!

Und der Max schottelte seinen Kipf und er sprach –
halli!
Ja, der Max schottelte seinen Kipf und er sprach:
„Liebe Trixy, geh heim, denn ich kann dir nicht nach.
Sag's meiner Frau und meinen drei Kondern.
Ich möcht ihnen selber die Schmerzen gern londern.
Doch würden sie mich weder lieben noch loben.
Drum bleib nur schön drüben sowohl als auch droben.
Und sollten die Füxe, die Foxe mich fressen,
dann wird mich die Menschheit so schnell nicht vergessen.
Halli! Halli! Hallo!"

Und die Füxe, sie kamen und fanden den Max.
Halli!
Jetzt verjuxen die Füxe den Max auf der Rax.
Und es quietschen die Knochen, es knaxet der Flax.
Und ein jeder Fux leckt sich die Flanken und spricht:
„Dieser Max, ja, ich sax, ist ein Flaxengedicht!

Die Flaxen! Die Flaxen!
Die Muskulatur in den Haxen!
Die Axerln, die Waderln,
die Schinkenrouladerln!
Die Schucherln, die Sockerln,
die Nierndeln mit Nockerln!

Ein Xelchts von dem Max
ist die Höh des Geschmax!
Apripi – das heißt Apropos:
Halli! Halli! Hallo!"

Georg Kreisler

Pelikan-Hochzeit

Sie hat es ihm maßlos angetan,
mit ihrer bezaubernden Taille.
Er war ein sehr würdiger Peli-Khan,
sie 'ne kleine Pelikanaille.
Auf einem Pelikanapee,
da wurde sie seine Braut,
und ein Pelikantor im Cutaway,
der hat dann die beiden getraut.
Ein Pelikanon erklang dazu
in festlicher Harmonie,
und dann stiegen sie in ein Pelikanu
zu 'ner – Pelikahnpartie.

Erwin F. B. Albrecht

Kleines Märchen für Feuerwehrkinder

Die echte Feuerwehr-Karriere
beginnt, wie allgemein bekannt,
mit zehn Semestern Wärmelehre
in Brandenburg auf Feuerland.

Es folgen dann noch drei Lektionen
Sebastian Brant und Feuerbach
und „Die Struktur der Feuerbohnen“
als freigewähltes Nebenfach.

Schon festigt sich beim Lehrling weiter
manch theoretischer Begriff,
und er besteigt die Feuerleiter
und (mit Diplom) ein Feuerschiff.

Dort braut er emsig (sehr zum Wohle!)
mit Feuereifer und mit Spaß
die erste Feuerzangenbowle
und nippt ganz leicht am Branntweinglas.

Er sammelt schließlich Feuerfalter,
flickt seinen Feuerstuhl mit Leim
und zieht sich erst im Greisenalter
zurück ins Feuerabendheim.

Hansgeorg Stengel

Zoounlogische Tragödie

Die Renntierbremse hockt im Wald
und kommt nicht von der Stelle.
Aus ihren Augen stürzen kalt
Bremstränenwasserfälle.
Sie wimmert, weil sie weiter will,
dem Futterplatz entgegen,
dort, wo die Rühreidechsen still
und rührig Eier legen.

Der Wörterbuchfink hört den Ton
und ruft die Maulbeerwürfe
herbei, weil jeder jetzt und schon
Rühreier essen dürfe.

Sogar der Feuerwasserfloh
springt gleich mit um die Wette.
Die Renntierbremse nur weint so
an ihrer Wörterkette.

Das kleine Bienenstachelschwein
sitzt da mit offnem Munde
und lauscht erstarrt den Heulerein
der Sturmwindhosenhunde.
Es hört im grünen Mondgestrahl
die Eieresser schmatzen
und sticht sich Beulen ohne Zahl
und muß sich dauernd kratzen.

Ein Straßenbandwurm, der's erblickt,
will sich in Meter lachen.
Doch als er anfängt, klappt und klickt
vor ihm der große Rachen,
der dunkle Riesenmaulspagat
der Lesebrillenschlange.
Die kaut ihn stumm zu Wortsalat
und alle andern mit. Wie schad!
Daran kaut sie noch lange!

Johannes Conrad

Wort-Chemie

Wie gewinnt man *Eisen?* Man stopft *Ameisen* in verschiedene Flaschen oder *Pullen.* Dann verbindet sich das „Am" mit den „Pullen", und das Eisen wird frei.

Wie gewinnt man *Blei?* Man mischt *Bleistifte* mit zerkleinertem *Draht.* Der Draht verbindet sich mit den Stiften zu Drahtstiften, und das Blei wird frei.

Wie gewinnt man *Sauerstoff*? Man dreht *Sauerkraut* und einen *Stoffrest* zusammen durch die Wurstmaschine. Dann entwickelt sich aus „Kraut" und „rest" ein „Krautrest", aber der Sauerstoff wird frei.

Wie gewinnt man *Schwefel*? Man zerre bei Nacht und Nebel ein *Schwein* über allerlei *Felder*. Dann wird sich „in" von „Schwein" mit „der" von „Felder" zu einem geisterhaften „Inder" verbinden, der spukhaft entweicht, während gleichzeitig „Schwefel" übrigbleibt.

Wie gewinnt man *Radium*? Man biegt einen bayerischen *Radi um* einen Radi und diesen um einen Radi und immer wieder Radi um Radi um Radi um Radi um... Wenn man das lange und geschickt genug ausführt, wird man allmählich die Natur überlisten und Radium gewinnen.

Wie gewinnt man *Soda*? Man beschriftet ein *Sofa* an allen Ecken und Enden mit einem *Datum*. Dann wird aus „fa" und „tum" das „Fatum" erstehen und einen drohend anblicken, aber man hat dann wenigstens „Soda" gewonnen.

Wie gewinnt man einen *Opal*? Man steckt den *Opa* in einen *Leierkasten*, der ein wenig zu eng ist, so daß das „L" von dem Leierkasten herausplatzt und ein „Eierkasten" entsteht. Das herumschwirrende „L" fügt sich dem „Opa" an, und so gewinnt man einen Opal.

Wie gewinnt man *Holz*? Holz kann man leicht gewinnen, wenn man eine *Holztaube* in einen *Brief* steckt, ihn gut verschnürt, weglegt und sich vorläufig nicht darum kümmert. Wenn man wieder mal darauf zurückkommt, wird man finden, daß sich „Brief" mit „taube" von der „Holztaube" zur „Brieftaube" verwandelt hat, welche natürlich entwichen ist, während das freigewordene „Holz" zurückblieb.

Wie gewinnt man *Fett*? Man stopft ein *Büfett* mit den *Geleisen* von Kindereisenbahnen voll und bringt alles zum Schmelzen. Dann verbinden sich die Stoffe derart, daß genügend Fett sowie ein Bügeleisen daraus entstehen.

Wie gewinnt man *Alkohol*? Man trinkt erst genügende Mengen davon, um das folgende chemische Schöpfungswunder gehörig begreifen zu können. Dann besorgt man sich in Massen das alkoholfreie Getränk *„Sinalko"* und schüttet alle erreichbaren *Holzwürmer* hinein. Nach kräftigem, mehrmaligem Umschütteln entsteht Alkohol sowie aus der Verbindung von „Sin" und „zwürmer" zahlreiche „Sinzwürmer", was deshalb besonders verdienstvoll ist, weil es ein solches Getier auf der Erde bisher noch gar nicht gab.

Alwin Joel

Mißverständnis

Mein Kohlenhändler ist taub.
Bestell' ich Briketts,
schickt er Kohlenstaub
und meint mit sehr viel Schmus,
dies sei nun mal sein Gruß.
Obgleich ich gar nicht wüßte,
daß er mich jemals grüßte.

Jetzt treibt er es auf die Spitze.
Ich soll ihm meine „Kohlen" senden,
obwohl ich keine besitze,
und um den Streit zu beenden,
erläutere ich ihm geduldig,
ich sei ihm nichts als Grüße schuldig.

Erwin Bruno Sandhoop

Fragment

Was ist die Frage?
Die Frage ist erstens ein Maulwurfshügel. Sie wird aufgeworfen.
Die Frage ist zweitens eine Patientin. Sie wird untersucht und behandelt.
Die Frage ist drittens eine schmutzige Dederonbluse. Sie wird durchgezogen.
Die Frage ist viertens eine Käsetorte. Sie wird angeschnitten.
Die Frage ist fünftens ein Nietnagel. Sie wird angerissen.
Die Frage ist sechstens ein Fahrradschlauch. Sie wird ventiliert.
Die Frage ist siebentens das nächtliche Schaufenster eines Exquisitladens. Sie wird beleuchtet.
Die Frage ist achtens eine Neulandfläche. Sie wird durchgeackert.
Die Frage ist neuntens eine Weihnachtsüberraschung. Sie wird auf den Tisch gepackt.
Die Frage ist zehntens eine ambulante Dame. Sie wird konkret angesprochen.
Die Frage ist elftens eine von der Polizei verfolgte Taschendiebin. Sie wird gestellt.
Und die Frage ist zwölftens mitunter auch eine Unglücksweiche. Sie wird falsch gestellt.
Was aber ist die Frage nicht?
Die Frage ist keine Bierleiche; denn sie schwankt nicht und sie strauchelt nicht. Die Frage steht.

Hansgeorg Stengel

Nordische Ballade

Hoch an Nörwögs Felsenstrande
auf dem Raubschloß Rapsjözungar
saß die Jungfrau Affjäskande
mit dem Buhlen Swinjöskungar
und empfing die süßen Pfande
seiner Liebe: Kuß und Ringjö.

„Swinjöskungar, Affjäskande,
Affjäskande, Swinjöskungar!“
Hört von hoher Zinnen-Rande
Ritter Borstjö von Spölunggar
seufzen an dem Felsenstrande,
bis die Eifersucht ihn würgtjö.

Und er schreitet zu Siöfbrödur,
zu dem Vater Affjöskandes,
deutet auf sein Roß Skindlödur,
auf sein Schwert Abmückjöswandes,
auf sein Trinkhorn Swärjönödur,
und versetzt mit breitem Mauljö:

„Wenn Ihr nicht, wie Ihr versprochen,
mir die Tochter gebt zum Weibe,
wird es fürchterlich gerochen,
denn das Blut aus ihrem Leibe
zapf ich Ende dieser Wochen
mit dem Schwert in dieses Hornjö;

trink es aus und werde rasend,
reite fort und kehre wieder,
aus des Rosses Nüstern blasend
Wut und Schaum auf Euch hernieder,
den ich, weil er so anmaßend
mich behandelt, fressen willjö.“

Und Siöfbrödur reicht die Rechte
Borstjö, seines Busens Freunde
von Spölunggars Hausgeschlechte,
der es treu und redlich meinte,
und beim Tag der Mitternächte
treten sie auf den Balkonjö.

Teufel! die verliebten Wesen
fahren jählings auseinander,
doch sie weiß das Haar zu lösen
hurtig wie ein Salamander,

zu verstecken vor den bösen
Menschen den geliebten Freundjö.

Sieh, die langen goldnen Locken
fallen bis hinab zum Strande,
und der Buhle leis in Socken
klettert hinter Affjäskande
dran hinunter, unerschrocken,
unbeschädigt, unbemerktjö.

Und beschämt vor seinem Kinde
steht der Vater mit dem Freunde,
ihm entfallen alle Gründe,
daß die Tochter er befeinde;
doch, damit er Ruhe finde,
leert er flugs ein Horn voll Metjö.

Und der Freund, mit Namen Borstjö,
weiß vor Scham sich nicht zu fassen,
beißt daher in eine Worstjö,
seinen Zorn nicht sehn zu lassen,
und, da's ihm verursacht Dorstjö,
leert er flugs voll Met ein Hornjö.

Dann, verzweifelnd an sich selber,
an der Augen eignem Schauen,
reißt er sich vom Haupt den Felber
mit der Hände grimmen Klauen
und mit stierem Blick der Kälber
auch die Augen aus vor Schandjö.

Wirft die ausgerissnen Augen
der Verrät'rin vor die Beine,
weil sie aber doch nichts taugen,
wirft er sie ins Horn voll Weine
und beginnt es auszusaugen,
toll vor Ärger und vor Schamjö.

Schlägt das Horn mit schnöden Streichen
dann zusammen mit dem Schwerte,
prüft am Kreuz, dem lederweichen
seines Gauls, des Schwertes Härte,
bis das Roß und Schwert desgleichen
bricht zusammen samt ihm selbstjö!

Aber greulich unbefangen,
als ob nichts geschehen wäre,
kam des andern Tags gegangen
Swinjöskungar lobebäre –
und es schmeißt ihm an den langen
Hals sein Kind des Hauses Herrjö.

Ludwig Eichrodt

Chiffriert

Das Armeekommando telegrafierte an die Division: „Nummer verfügbarer Kraftfahrzeuge sofort anher mitteilen."
Die Division antwortete gehorsamst und prompt:
„11801 13939 25551 44007 68909
Divisionskommando."
Diese Depesche geriet natürlich dem Hauptmann Neidinger in die Hände, der ja alle Depeschen zu dechiffrieren hat, und Exzellenz las eine Stunde später voll Erstaunen: „Koreanische Kaiserfamilie durch Torpedovolltreffer nächst Marburg in Steiermark mit Rindschmalz verlobt."
Vorsorglich hatte Hauptmann Neidinger darunter angemerkt: „? Rückfrage an Division rätlich, da Mißverständnis nicht ausgeschlossen."

Roda Roda

Aufgabe für den Zensor 1852

MirSolleinerkoMmenundsagenDaßichnichtauchdiesmAldem literarischenkaBinetteeInennichstwürdiGenärgerbereitEthätte duRchdenunsiNndieserwortzusaMmenstellunGdurchwelchesich diesewohllÖblichebehördedochnotWendigerweisedurCharbeiten mußdasiEdiestrengeverpflichtUnghaTalleerscheinunGenderber LinerpresSeeinerebensogenAuenalsgewisSenhaftenduRchsicht zuwidMenunDjetztdochamendesIcheinigeRmaßenkrÄnkenmUß indiesemsatzsogarnichtsbEdeNklichesgeFundenzuhaBen und DiehunDstageglüCklichvorüBersind.

Schultze

Unbekannter Verfasser

Gegen die Anfechtung

Schwarze Kunstformel für Rätselfreunde

Essass Nemaid Aufei Nemast
Hochü Bermir Imbir Kenlaub
Obir Kedei Nesüs Selast
Siet Rugnicht Sansich Mitverl Aub
  Ola Ola Ola Ola La
  Pfui
Dieson Neschie Naufsieh Erab
Undi Chich Schau Tegernhi Nauf
Sobrecht Nurü Bermich Denstab
Dannse Tzenwi Runsbei Dedrauf
  Oje Oje Oje Mini
  Pst

Gebrauchsanweisung:
Inei Nema Temzu Gundlaut
Aufsa Genfalls Duoh Nebraut

Paul Wiens

Gedicht in Bi-Sprache

Ibich habibebi dibich,
Lobittebi, sobi liebib.
Habist aubich dubi mibich
liebib? Neibin, vebirgibib.

Nabih obidebir febirn,
Gobitt seibi dibir gubit.
Meibin Hebirz habit gebirn
abin dibir gebirubiht.

Joachim Ringelnatz

Leitfaden für Reiche

Lieber Freund, Sie sind durch glückliche Ausnutzung geschäftlicher Chansons in einen Gesellschaftskreis aufgestiegen, der gern Fremdwörter gebraucht. Damit Sie sich nun nicht jeden Augenblick balsamieren, möchte ich Ihnen einige Winke für die Konservation geben. Vor allem, bitte, seien Sie nicht beleidigt, wenn jemand Sie einen Parvenü nennt. Er meint nichts Böses. Parvenü ist eine spanische Wand, ein Bettschirm. Arrivé hingegen: eine singbare Melodie, ein Gesangsstück.

Man wird Ihnen schlechte Manieren vorwerfen und Mangel an Courtoisie. Lassen Sie sich dadurch nicht kränken, die Mängel wiegen nicht schwer: Courtoisie ist nichts anderes als Maklergebühr; und Manieren – die Hände pflegen wollen Sie sich ohnehin.

Lädt man Sie zum Tee, kann es ein Five-o'clock-tea sein oder ein Thé dansant. Keinesfalls hat es das mindeste mit Theorie zu schaffen, der Gottesgelehrsamkeit.

Hypothese wieder ist die längste Seite eines rechtwinkligen Dreiecks; verwechseln Sie das nicht mit Hippologie, der krankhaften Reizbarkeit von Frauen.

Bietet man Ihnen beim Tee Baisers an und Curaçao, so müssen Sie wissen, daß Baiser Flauheit auf der Börse bedeutet und Curaçao

einen schweren Reiter; der Gegensatz davon ist Infamie (Fußtruppe, in übertragenem Sinn auch: Mannstollheit). Absinth ist die Enthaltung von geistigen Getränken.
Zwischen Tuberosen und Protuberanzen ist ein gewaltiger Unterschied: Protuberanzen sind Apfelsinen, Tuberosen jedoch Lungenschwindsüchtige.
Halten Sie Zyklamen und Zyklus auseinander: Zyklame ist ein Wirbelwind; Zyklus ist ein Riese mit einem Auge.
Für Wirbelwind kann man auch Toreador sagen; Tournedos klingt wohl ähnlich, bedeutet aber etwas ganz anderes, nämlich einen südfranzösischen Minnesänger.
„Sagt man Champignon oder Champion?" werden Sie fragen. Es kommt darauf an, ob Sie Haarwäsche meinen oder eine Papierlaterne.
Antinomie ist die Kunst, Leichen zu zergliedern; Anthologie: Selbstregierung, Unabhängigkeit.
Panorama ist eine Landenge in Südamerika; Paranoia aber ein Schlafanzug.
Tarlatan: ein Kurpfuscher und Marktschreier; der schlaue Tamerlan war Minister des Äußeren unter Napoleon dem Großen. Samojeden sind russische Teemaschinen.
Merken Sie sich ferner, daß eine Kreolin nicht dasselbe wie eine Mulattin ist. Mulatten sind Bastarde von Pferd und Esel; eine Kreolin ist ein gebauschter Frauenrock.
Man wird Ihnen von Krankheit und Gesundheit reden, Prophylaxe und Hygiene. Behalten Sie, bitte, wohl im Gedächtnis: Prophylaxe ist die Reblaus; Hygiene ein Raubtier, das Leichen frißt.
Ein großer Unterschied ist auch zwischen Olymp und Hades; Hades ist die Rückenmarksschwindsucht, Olymp aber ein Neugebilde in der Nase.
Basilisk: eine griechische Kirche; die Lieblingsfrau des Türken heißt Obelisk.
— — — Mein Freund, ich hoffe, Sie wissen nun Bescheid mit Fremdwörtern. Sollten Ihnen noch jemals Zweifel aufsteigen, dann reden Sie nicht leichtfertig hin, sondern schlagen vorher hübsch nach im Konföderations-Mexiko, wo Sie, nach dem Alpaka geordnet, das Wissenwerte beisammenfinden.

Roda Roda

Zungenbrechmittel

Wir Wiener Waschweiber würden weiße Wäsche waschen, wenn wir wüßten, wo warmes Waschwasser wäre.

Meiner Mutter Magd macht mir Mus mit meiner Mutter Mehl.

Der dicke Diener trägt die dicke Dame durch den dicken Dreck. Da dankt die dicke Dame dem dicken Diener, daß der dicke Diener die dicke Dame durch den dicken Dreck getragen hat.

Der Metzger wetzt das Metzgermesser auf des Metzgers Wetzestein.

Der Cottbuser Postkutscher putzt den Cottbuser Postkutschkasten.

Eine jute jebratene Jans mit jutem Jurkensalat und mit juten joldenen Jabeln jejessen ist eine jute Jabe Jottes.

Zwischen zwei Zwetschgenzweigen zwitschern zwei Schwalben.

Essig eß ich nich. Eß ich Essig, eß ich Essig nur in Kopfsalat.

Mariechen sprach zu Mariechen: „Laß ma riechen, Mariechen!" Da ließ Mariechen Mariechen ma riechen.

Wenn hinter Fliegen Fliegen fliegen, fliegen Fliegen Fliegen nach.

Wer einmal Ford fährt, wird fortan immerfort fortfahren, Ford zu fahren.

Eine Glocke wird eingeweiht, und die Zeitung bringt einen den Leuten das Läuten erläuternden Leitartikel.

Er sang leider lauter laute Lieder zur Laute.

Ob der Oberlehrer Oberüber über Unterammergau oder ob der Oberlehrer Oberüber über Oberammergau kommt, weiß man fei net.

Prominentensentenzen

Nichts ist verächtlicher, als wenn Literaten Literaten Literaten nennen.

Kurt Tucholsky

Ich wäre nicht ungehalten gewesen, wenn der Vortrag ungehalten gewesen wäre.

Georg Christoph Lichtenberg

Es gibt Tiere, Kreise und Ärzte. Es gibt Tierärzte, Kreisärzte und Oberärzte. Es gibt einen Tierkreis und einen Ärztekreis. Es gibt auch einen Oberkreistierarzt. Ein Oberkreistier aber gibt es nicht.

Roda Roda

Schwabing ist das Dichterviertel der Vierteldichter; sie wohnen dort alle ohne Ausnahme und viele ohne Einnahme.

Moritz Gottlieb Saphir

Es ist eine ganz bekannte Sache, daß die Viertelstündchen größer sind als die Viertelstunden.

Georg Christoph Lichtenberg

Der liebe Gott ist mit seiner Hilfe nicht immer von Eilenburg, sondern auch zuweilen von Wartenberg; drum sollen wir in unserm Gebet von Anhalt sein. Wenn uns die Vorsehung über Kreuznach, Bitterfeld und Dornburg führt, so dürfen wir nicht verzagen, sondern wir müssen unsern Blick auf Seligenstadt richten, wohin wir aber nicht gelangen, wenn wir uns unterwegs in Weinheim und Spielberg aufhalten oder ungebührlich lange in Frauenstadt und Magdeburg verweilen.

Abraham a Santa Clara

Wie ich damals von einer Liebe, die ich nicht ausmerzen konnte, im April mich losgerissen, war meines Lebens Mai vorbei; aber nie hätte ich mir gedacht, daß ich nach acht Jahren im Juni meine Julie mit einem August im Park belausch'.

Johann Nestroy

Ein Lord erschien in einem Ford
in einem fort an einem Fjord,
zu sehen, ob der Fjord noch dort war
und nicht inzwischen fort war.

Richard Drews

Man hat behauptet, daß man von jeder Behauptung ebensogut auch das Gegenteil behaupten kann. Das ist jedoch wieder eine Behauptung. Also kann man doch auch nicht behaupten, daß man von jeder Behauptung das Gegenteil behaupten kann. Und dann kann man auch nicht behaupten, daß man behaupten kann, daß man nicht behaupten kann, daß man von jeder Behauptung auch das Gegenteil behaupten könne.

Hans Weis

Ich kann wohl an allem zweifeln, aber am Sein meiner selbst nicht; denn Ich ist das Zweifelnde, der Zweifel selbst. Wird der Zweifel Gegenstand des Zweifels, zweifelt der Zweifelnde am Zweifel selbst, so verschwindet der Zweifel.

Georg Wilhelm Friedrich Hegel

Ich sag nicht *so* und sag nicht *so*,
denn wenn ich so sagt' oder so,
so könnt' man später sagen,
ich hätt' so oder so gesagt
und packte mich, Gott sei's geklagt,
beim Kragen!

Drum sag ich weder *so* noch *so*,
brennt auch die Frage lichterloh.

Ludwig Eichrodt

Die Sonnenbrunnengeschichte

In einem Dorf befand sich ein Brunnen. Er war so weit ab von allen Häusern und Bäumen, daß er nie Schatten bekam. Deshalb wurde er der Sonnenbrunnen genannt. Da sich die Leute der Umgebung aus dem Sonnenbrunnen mit Kannen und Wannen ihr Wasser holten, nannten sie ihn auch den Kannenwannensonnenbrunnen. Der Kannenwannensonnenbrunnen hatte die Form eines mittelalterlichen Burgturms, und aus den Zinnen plätscherte das Wasser heraus. Es plätscherte in steinerne Rinnen hinein und versickerte dann. Ein Heimatforscher nannte den Brunnen deshalb den Kannenwannenzinnenrinnensonnenbrunnen. Da die Schwäne und Hühner am Kannenwannenzinnenrinnensonnenbrunnen zu trinken pflegten, wurde er bald Kannenwannenzinnenrinnenschwanenhahnensonnenbrunnen genannt.

Wegen dieses Namens gab es im Dorf Streit. Einige Leute meinten, er sollte lieber Kannenwannenzinnenrinnenschwanenhennensonnenbrunnen heißen. Eine dritte Partei war wieder ganz anderer Meinung. Sie trat für den Namen Kannenwannenzinnenrinnenschwanenhühnersonnenbrunnen ein. Nach langem Streit einigte man sich gütlich auf den Namen Kannenwannenzinnenrinnenschwanenhahnenhennenhühnersonnenbrunnen.

Eines Tages fuhr ein Finne mit dem Auto durch das Dorf. Der Finne war sehr dick. Er hatte auch gleich seinen Spitznamen weg: Tonnenfinne. Der Tonnenfinne hatte bei sich stets ein leinenes Banner, das Tonnenfinnenleinenbanner. Auf diesem Banner stand auf finnisch „Panne“, und er winkte mit dem Tonnenfinnenleinenpannenbanner anderen Autofahrern um Hilfe, wenn er eine Tonnenfinnenpanne hatte.

Und tatsächlich hatte der Tonnenfinne genau neben dem Kannenwannenzinnenrinnenschwanenhahnenhennenhühnersonnenbrunnen eine Panne. Der arme Finne stieg aus, besah sich den Schaden und winkte verzweifelt mit dem Tonnenfinnenleinenpannenbanner. Aber keiner der vorbeifahrenden Autofahrer hielt an. Unter ihnen befand sich nämlich kein Kannenwannenzinnenrinnenschwanenhahnenhennenhühnersonnenbrunnentonnenfinnenleinenpannenbannerkenner.

Manfred Bartz

Der Eiersammler

Mein lieber, guter, alter Meier!
Ich weiß, Sie sammeln Geiereier
und laden drum von Zeit zu Zeit
zum Zwecke der Geselligkeit
und zwecks Besichtigung der Eier
sich Leute ein zur Eierfeier.
Ich freilich muß darauf verzichten
und möchte hierzu nur berichten,
man nennt Sie schon ob dieser Feier
den Geiereierfeiermeier.
Denn so, wie Sie das Fest gestalten,
weicht es nie ab von Ihrer alten,
ja, sei'n Sie mir nicht böse, Meier! –
der Geiereierfeierleier.
Und darum riß ich hier den Schleier
von Ihrer Geiereiermeierfeierleier!

Erwin F. B. Albrecht

Verschobenes

Oder?

Wird die Tante mal in den Himmel kommen?
Wird die Tinte mal in den Hammel kommen?

Unbekannter Verfasser

Der Leichenzehrer

In dem Grinderhunde einer Grappelpuppe saß ein merschwütiger Leichenzehrer und malte die Rattenschisse seiner freligen Sau, die auf einem Hosenrügel saß und an einem Schiletfürzchen arbeitete.

Mündlich

Nachtwächter-Variationen

Wenn ein Nachtwächter mit seinem Spieß in der Hand, seinen Hund hinter sich, ins Horn stößt, so wird sich gewiß niemand wundern. Wenn aber derselbe Nachtwächter, seinen Hund in der Hand, sein Horn hinter sich, in seinen Spieß stieße; oder seinen Spieß hinter sich, sich selbst in der Hand, sein Horn in den Hund stieße; oder sich selbst hinter sich, seine Hand in dem Hund, seinen Spieß in das Horn stieße – so würde sich gewiß die ganze Welt verwundern.

Unbekannter Verfasser

Komma später!

Plötzlich stand ein Mensch vor mir auf dem Kopfe, einen steifen Hut an den Füßen, zerrissene Schuhe in der Hand, einen dicken Stock im Munde, eine erloschene Zigarre in finsteres Schweigen gehüllt.

Unbekannter Verfasser

Guten Hut, meine Damen

Als im Jahre vierunddreißig siebzehnhundert die Donau brannte und die Bauern bellten und die Hunde Stroh herbeischleppten, um das Feuer zu löschen, da begab sich's, daß ich wandern mußte. Da kam ich an eine Kirche von Pappdeckel, darin war ein Pfarrer von grauem Löschpapier, der sprach: „Meine Tochter ist ein geschickter Zimmermann, macht Schuh und Strümpfe aller Art, und alle Leute lassen bei ihr backen." Als ich weiterging, kam ich an ein Guck, da lochte ich hinein; da sah ich vier Stühle auf ihren Herren sitzen, da tat ich meinen Tag ab und sagte: „Guten Hut, meine Damen!"

Volksmund

Romanphrase

Er warf sich in die Ottomane, seinen Hut auf den Tisch, seine Augen auf das Bild, welches sich ihm bot, die Handschuhe in die Ecke, die Arme um des Liebchens Hals und eine freundliche Bemerkung in das eben vernommene Gespräch; beim Abschied allen eine Kußhand zu, die Flinte nicht ins Korn, sondern sich in den Wagen und in die Wogen neuen Schaffens und dann in Morpheus' Arme.

Unbekannter Verfasser

Der Landwirt Würstlein von Sebelsdorf

Patriotisches Gedicht

Der Landwirt Würstlein von Sebelsdorf,
ein Mann von echtem Schrot und Schorf,
der hat den rechten Fleck auf dem Mund,
der lockt keinen Ofen vor den Hund.

Es fließt ein Bach durchs Bayernland,
der Wittelsbach wird er genannt,
in seinem treuen Schoße kann
sich bergen jedweder Untertan.

Und als das siebente Knäblein kam,
er König Rupprecht zum Paten nahm,
das ist ein Brauch von altem Korn,
daran zerschellt des Feindbunds Zorn.

Trotz Gut und Blut hie schwarzweißrot,
da hat es selbander keine Not!
Fest steht und treu der Rhein auf Wacht.
Durch Sieg zum Tod! Durch Licht zur Nacht!

Klabund (d. i. Alfred Henschke)

Sprichwörtervortrag

Sprichwörter, meine Damen und Herren, sind aller Laster – wollte sagen, aller Weisheit Anfang, Mitte und Ende. Das sagte schon mein seliger Großvater – Gott lasse ihm die Asche leicht werden –, und der war bekanntlich ein Mann – ein Mann – nun, mit *einem* Worte ein Mann, nehmt alles nur in allem und legt's zu dem übrigen. Wer das Sprichwort nicht ehrt, der ist nicht wert, daß ihn die Hunde vom Ofen weglocken, und wer diese Perlen der Volksweisheit vor die Säue wirft, der verdient, unbeklagt in den Acheron zu beißen. Sprichwörter, meine Verehrten – doch ich will nicht von der Stange schweifen, sondern wie der Schuster den Leisten meines Themas sogleich bei den Hörnern fassen und zur Sache kommen.

Unser liebenswürdiger Gastgeber rief, und alle, alle kamen, mit Ausnahme von einigen wenigen, die fern von Madrid über das Los der Könige nachdenken. Lassen wir sie, sie kümmern uns nicht. Eines schickt sich ja nicht für alle, und wen's nicht juckt, der geht nicht in die Falle. Seien wir froh, daß wir hier atmen im rosigen Licht, und was nicht säuert, das süßt auch nicht. Also noch einmal – zur Sache! Wovon ich heut meinen Mund überlaufen lassen will, zu wessen Lob und Preis ich heut in die Saiten zu fallen gedenke, das sind die geselligen Tugenden, und ich weiß, daß ich mir damit bei jedem von Ihnen einen Nagel in den Kopf setze und den Stein aufs Brett treffe. Frieden und Verträglichkeit – die beiden sollen den Anfang machen. Meine Damen und Herren! In der ganzen Welt ist es so, daß eine Krähe die andre wäscht und eine Hand der andern die Augen nicht aushackt; lassen Sie uns diesem Beispiel folgen und Frieden halten. Sie wissen doch, zwei harte Steine geben niemals einen guten Klang, und der Klügere hat goldenen Boden. Edel wollen wir sein, hilfreich und gut und dem Nächsten helfen zu Lande und zu Wasser, bis der Henkel bricht.

Und ferner wollen wir Nachsicht üben mit den Unvollkommenheiten und Schwächen der anderen und immer denken, daß Hochmut beten lehrt und Not vor dem Falle kommt. Wir Menschen sind nun einmal durch Geburt, Anlagen und Erziehung grundverschieden, und so fällt kein Apfel vom Himmel und kein Meister weit vom Stamme, sondern gut Ding will überall

Eile mit Weile haben. Es ist gar zu schwer, das Angeborene, mit der Muttermilch Eingeimpfte, so ohne weiteres abzulegen, wie etwa der Esel seine Löwenhaut oder das Schaf sein Wolfsfell, ein jeder hat seine Achillesferse, mögen es nun Jamben oder Trochäen sein, jung gewohnt ist halb gewonnen – kurz, wir sollen mit den Fehlern des lieben Nächsten nicht rechten, sondern gute Miene zum sauren Apfel machen und im Bewußtsein der eigenen Mängel das schöne Wort beherzigen: Wer im Glashause sitzt, krümmt sich beizeiten.

Und nun will ich auch der dritten und liebenswürdigsten der geselligen Tugenden, dem Humor und der Lustigkeit, auf dem Altar des Vaterlandes meinen Weihrauch streuen. Fröhlichkeit, meine Lieben, hat Gold im Munde, sie ist der beste Koch und bricht Eisen, wie aller Anfang. Schon unsere Vorfahren wußten den guten Humor zu würdigen, und wir wollen es ihnen nachtun. Wie die Alten sungen, so zwitschern auch wir mit den Wölfen – das ist die beste Lebensweisheit. Die Welt ist ja auch ganz nett; solange es so gemütliche Gesellschaften wie die unsere hier gibt, ist selbst der Teufel und seine Hölle ohne Dornen, und der Weg durchs Erdental ist ganz reizend mit guten Vorsätzen gepflastert. Im Kreise schöner Frauen und beim Klange lustiger Lieder wollen wir also die Rose an die Wand malen und auf dem Boden der Gläser des öfteren untersuchen, ob das Sprichwort recht hat, wenn es sagt: Im Wein ist Hoffen und Harren, und nichts ist so fein gesponnen, es macht doch manchen zum Narren. Fröhlichkeit, meine Damen und Herren, sei die Devise, die wir auf die Spitze unserer Fahnen schreiben; hinweg mit dem Grübeln und Sorgen, wir schicken es auf den Weg alles Fleisches. Was nützt auch das Spintisieren? Der Mensch denkt, aber ob auch der Gedanke schön, es klemmt sich – kommt Zeit, kommt's anders, und wer das Wenn und Aber erdacht, hat manchem schon groß Leid gebracht. Harmlos und fröhlich wollen wir genießen, was wir nicht haben, und gern entbehren, was uns Gott beschieden.

Indem ich nun zum Schlusse eile, möchte ich gern etwas genauer erspähen, ob ich die Laute, die sich hier und da im Kreise fühlbar machen, als Beifall oder Tadel zu deuten habe; aber wiederum ist es ein gutes, altes Sprichwort, das mich vor solcher Neugierde warnt: Der Horcher an der Wand – sagt es – geht durchs ganze

Land. So werde ich mich denn bei dem Gedanken beruhigen, daß es mir auf jeden Fall gelungen ist, Ihnen eine Freude zu machen, und zwar entweder durch meinen gutgemeinten Vortrag oder dadurch, daß ich denselben schließe und sein letztes Wort zu den Vätern versammle. So oder so werden sich Ihre Lippen zum Beifallslächeln kräuseln, und wenn nicht jeder ausruft: Das Ende krönt den Meister, so werden Sie mir doch das Eine zugestehen: Der Mohr war willig, wenn auch das Fleisch schwach – der Mohr kann gehen!

Anton Ludwig

Extempore

Wo man hobelt, kräht kein Hahn,
grober Klotz ist halb gewonnen.
Was sich neckt, ist alt getan,
wie gebettet, so zerronnen.

Blindes Huhn sieht mehr als zwei,
steter Tropfen kommt von oben,
Aug um Aug verdirbt den Brei,
Ende gut ist aufgeschoben.

Gottes Mühlen beißen nicht,
keine Rose hat zwei Seiten,
wenn sie auch die Wahrheit spricht.
Guter Rat krümmt sich beizeiten.

Frisch gewagt, fällt selbst hinein,
unrecht Gut will Weile haben.
Morgenstunde höhlt den Stein,
wer zuletzt lacht, liegt begraben.

Hansgeorg Stengel

Verkehrte Welt

Wie sind mir meine Stiefel geschwoll'n,
so daß sie nicht in die Füße 'nein woll'n!

Ich mache den Ofen wohl über das Feuer
und schlag die Suppen wohl über die Eier.

Ich nehm die Stube und kehre den Besen,
die Mäuse, die haben die Katze gefressen.

Der Schäfer, der hat den Hund gebissen,
die Lämmer, die haben den Wolf zerrissen.

Es reiten drei Tore zum Reiter hinaus,
das Wirtshaus, das schauet zum Fenster hinaus.

Der Hafer, der hat das Pferd verzehrt,
drum ist dieses Lied ganz umgekehrt.

Volkslied

Thema mit Variationen

Wenn der Mops mit der Wurst übern Spucknapf springt
und der Storch in der Luft den Frosch verschlingt.

Wenn der Storch mit dem Mops übern Spucknapf springt
und der Frosch in der Luft die Wurst verschlingt.

Wenn der Mops mit dem Frosch übern Spucknapf springt
und der Storch in der Luft die Wurst verschlingt.

Wenn der Frosch in der Luft übern Spucknapf springt
und der Storch mit dem Mops die Wurst verschlingt.

Wenn der Mops mit dem Spucknapf übern Storch wegspringt
und die Wurst in der Luft den Frosch verschlingt.

Wenn der Frosch mit der Wurst übern Spucknapf springt
und der Storch in der Luft den Mops verschlingt.

Wenn die Luft mit dem Storch übern Spucknapf springt
und der Frosch mit der Wurst den Mops verschlingt.

Wenn die Wurst mit dem Frosch übern Spucknapf springt
und der Mops in der Luft den Storch verschlingt.

Wenn der Storch sich selbst in der Luft verschlingt
und der Frosch mit dem Spucknapf übern Mops wegspringt.

Wenn der Mops in der Luft den Spucknapf schlingt
und der Storch mit der Wurst übern Frosch wegspringt.

Wenn der Storch übern Mops und die Wurst wegspringt
und der Frosch im Spucknapf die Wurst verschlingt.

Wenn der Frosch mit dem Mops in der Luft wegspringt
und der Storch den Spucknapf mit der Wurst verschlingt.

Wenn der Spucknapf mit der Wurst übern Frosch wegspringt
und der Storch in dem Mops die Luft verschlingt.

Wenn der Frosch in der Luft den Storch verschlingt
und die Wurst übern Spucknapf und den Mops wegspringt.

Wenn der Mops mit der Wurst übern Spucknapf springt
und der Storch in der Luft den Frosch verschlingt.

Carl Reinhardt
(um 1850)

Vorspruch zu „Thema mit Variationen“
(erschienen in „Fliegende Blätter“, 1851)

Verehrliche Redaktion!
Erlauben Sie mir, das beifolgende „Thema mit Variationen“ durch einige einleitende Worte dem Wohlwollen Ihrer geneigten Leser zu empfehlen. Es möchte in jetziger trüber Zeit, wo bereits wieder allerorten politische Anspielungen auch in dem Unverfänglichsten gewittert werden, am Ende auch mein harmloses Werk dieses Schicksal teilen. Man wird wohl gar darin einen Spiegel der deutschen Zustände erblicken, bei welchen man nicht weiß, wer heute oder morgen, und zwar mit oder ohne Wurst, über den Spucknapf springt. Man wird das gegenseitige, aber nie nachhaltige Verschlingen, die zeitweilige Koalition des Frosches und Mopses, des Storches und Frosches, des Mopses und Storches usw. und endlich den Einfluß des Windes (resp. der Luft), welcher dabei weht, mit allerlei politischen Verhältnissen in Zusammenhang setzen, welcher meinem Gedichte einen nie von mir beabsichtigten maliziösen Beigeschmack geben würde. Aus diesem Grunde finde ich mich veranlaßt, ausdrücklich zu erklären:
„daß mein Mops-Frosch-Spucknapflied durchaus kein politisches Lied und ich kein politischer Dichter bin, ja sogar mich zu einer polizeilichen Klagstellung veranlaßt finden müßte, wenn man etwa gar die harmlose Wiederholung des Themas am Ende so deuten wollte, als sei man in Deutschland nach allerlei Variationen wieder zum alten Thema zurückgekehrt, was äquivalent mit dem Vorwurfe einer Reaktion wäre, und den verdienen unsre braven Regierungen für ihre viele Mühe in Erfurt, Frankfurt und Dresden durchaus nicht.“

Bruno Nase, Gemeinde-Vorsteher.

Nachahmung der englischen Cross-readings

Gestern disputierte unter dem Vorsitz des Herrn Leibmedicus – ein Hengstfüllen mit einem weißen Pleß vor dem Kopf.

Es wird eine Köchin gesucht, die mit Backwerk umzugehen weiß – zu zwei Personen eingerichtet, nebst etwas Kellerraum.

Dem Förster zu W. ist gestern ein junges Rind von der Weide entlaufen – um künftigen Sonntag seine Antrittspredigt zu halten.

Neulich gab der Kurfürst dem Kapitel ein splendides Diner – drei Personen wurden gerettet, die übrigen ersoffen.

Die drei Damen, deren gestern Erwähnung geschehen – können eine Stunde vor der Auktion besichtigt werden.

Die neue Galanteriekrämerin am Markte verkauft – Schnupfen, Kopfweh und andere Zufälle.

Georg Christoph Lichtenberg

Schlagzeilenparade

Die Geschenke der Gottlosen schreien gen Himmel.
Die Lage ist unbeständig mit Niederschlägen
teils heiter.
Gelähmter Ritterkreuzträger
rammt Panzerwagen
mit Rollstuhl.
Durchwachsener Schweinebauch
auf Tierschutzweltkongreß
Opfer
ungezählter Autogrammjäger.
Wir sind am Ende einer Epoche.

Die Symptome häufen sich:
Schäferstündchen im Gefängnis
Wärter
foult Ledige im Strafraum.
Formvollendete Büste
sucht Sprechstundenhilfe.
Auch die Notzuchtverbrechen
an Miniaturgeigen –
Wagnisse mehrdimensionaler Existenz.

Wer tauscht unerforschlichen Ratschluß
gegen grünen Sittich?
Büffetfräulein
plötzlich und unerwartet
entflogen.
Trauerfeier
nach Übereinkunft.
Die Spielregel bleibt:
es dürfen keine freien Löcher übrigbleiben.

Fritz Grasshoff

Puzzlestil

An die Sterne
(Speziell für Komposition)

Wie ferne seid ihr, Sterne!
Wie seid ihr, Sterne, fern!
Wie seid ihr fern, o Sterne!
Wie, Sterne, seid ihr fern!

Doch ihre Blicke voll Tücke,
voll Tücke ihre Blick',
von ihr die Blicke voll Tücke,
von ihr voll Tücke die Blick'!

Sie hat mich nie geliebet;
geliebt hat sie mich nie;
mich hat sie nie geliebet;
mich hat geliebt sie nie!

Unbekannter Verfasser
(um 1880)

Wettervorhersage

Ein schauerlicher Lokalregen.
Ein lokaler Schauerregen.
Ein regnerisches Schauerlokal.
Ein schauerliches Regenlokal.
Ein regnerischer Lokalschauer.
Ein lokaler Regenschauer.

Unbekannter Verfasser
(um 1890)

Seltsame Imperative

Lieb reiche Frauen!
Platz am Opernhause!
Liebe mit Hindernissen!
Büffel im Walde!
Angel sächsische Mädchen!

Unbekannter Verfasser
(1896)

Was ist paradox?

Wenn ein Tischler seine Frau versohlt;
wenn ein Schuster die seine vermöbelt;
wenn ein Oberbaurat Tiefbau studiert hat;
wenn ein Goethe-Denkmal durch die Bäume schillert;
wenn ein Wein sich gewaschen hat;
wenn ein Vater ein Muttermal besitzt;
wenn einer seinen Bruder unverwandt anblickt;
wenn ein Onkel seinen Neffen vernichten will;
wenn einer im Stehen einen sitzen hat;

wenn ein Glatzkopf etwas haarsträubend findet;
wenn eine Dame sich mit ihrem Nacken brüstet;
wenn einer ein eingefleischter Vegetarier ist;
wenn ein Heruntergekommener im sechsten Stock wohnt;
wenn einer einen Heißhunger nach Gefrorenem hat;
wenn einer mit seiner Flamme im Dunkeln sitzt;
wenn einer am Telefon ununterbrochen unterbrochen wird;
wenn ein herrenloses Damenfahrrad aufgefunden wird;
wenn ein Oberleutnant eines Unterseeboots auf einer Landzunge eine Seezunge speist;
wenn einer am blauen Montag in einem roten Eimer weiße Milch von einer braunen Kuh über eine grüne Wiese trägt.

Mündlich

Die Geschichte einer Liebe in Hilfszeitwörtern

Er fragte demutsvoll, in heißem Flehn,
am Maienabend: „*Darf* ich mit dir gehn?"

Zwei Monde später. Sie will Rosen sehn,
den Sommer grüßen: „Ich *will* mit dir gehn!"

Es kam der Herbst, Septemberwinde wehn.
„Du willst spazieren? *Soll* ich mit dir gehn?"

Zum Weihnachtsgang sieht er sie fertig stehn.
„Du willst zur Stadt? Hm, *muß* ich mit dir gehn?"

Arthur Rehbein

Konjugation in deutscher Sprache

Ich persönlich liebe.
Du liebst irgendwie.
Er betätigt sich sexuell.
Wir sind erotisch eingestellt.
Ihr liebt mit am besten.
Sie leiten die Abteilung: Liebe.

Kurt Tucholsky

Der konjugierte europäische Frieden

Präsens
Ich bin friedlich,
Du rüstest,
Er exerziert,
Wir bewachen die Grenze,
Ihr drillt,
Sie vermehren die Regimenter.

Imperfektum
Ich machte mobil,
Du erhöhtest den Etat,
Er mißtraute,
Wir bildeten Landwehr,
Ihr suchtet Allianzen,
Sie ließen von den Offiziellen hetzen.

Perfektum
Ich habe Kasernen gebaut,
Du hast Festungen armiert,
Er hat von Revanche gesprochen,
Wir haben den dreizehnten Hauptmann aufgestellt,
Ihr habt stärkere Panzerplatten gießen lassen,
Sie haben schwere Monstregeschütze erfunden.

Plusquamperfektum

Ich hatte einberufen,
Du hattest Manöver abgehalten,
Er hatte den Train reorganisiert,
Wir hatten die Infanterie reorganisiert,
Ihr hattet die Kavallerie reorganisiert,
Sie hatten die Artillerie reorganisiert.

Futurum

Ich werde Torpedos probieren,
Du wirst die Küsten armieren,
Er wird die Festungen instand setzen,
Wir werden neue Hinterlader einführen,
Ihr werdet die neueren Hinterlader einführen,
Sie werden die neuesten Hinterlader einführen.

Futurum exaktum

Ich werde mich ruiniert haben,
Du wirst dich bankrott gemacht haben,
Er wird seinen Wohlstand vernichtet haben,
Wir werden unsere Steuern verzehrt haben,
Ihr werdet die Last nicht ertragen haben,
Sie werden auf dem letzten Loch gepfiffen haben.

Imperativ

Opfere alles!
Nimm keine Rücksicht!
Werde die größte Großmacht!

Participium

Stärkend,
Schwächend,
Vernichtet.

Karl Adolf Selke

Der Unverbesserliche

Man fragte mich: „Heißt's fragte oder frug?“
Ich sagte drauf: „Ich wähle immer fragte,
da man ja auch statt sagte nicht spräch sug,
was schlecht dem Ohr und Sprachgebrauch behagte.“

Der andre sprach: „Ich werde draus nicht klug,
man sagt doch auch nicht schlagte oder tragte?“
Ich sprach: „Ausnahmen sind nur schlug und trug;
doch tug, rug, zug und wug noch keiner wagte.

Nun, wird der Zweifel, der bisher Sie nagte
und plagte – und nicht etwa gar nug und plug –
behoben sein, ob richtig frug, ob fragte?“

Der andre sprach: „Sie haben recht“, und schlug
sich an die Stirn, als ob ihm Licht nun tagte,
„verzeihen Sie, daß ich so töricht frug.“

Unbekannter Verfasser
(um 1900)

Folge richtig

Derjenige, der den Täter, der den Wegweiser, der an der Brücke, die an der Straße, die nach Kleinkleckersdorf führt, liegt, steht, umgerissen hat, anzeigt, erhält zehn Mark Belohnung.

Denken Sie, wie schön der Krieger, der die Nachricht, die den Sieg, den die Athener bei Marathon, nach Athen, das in großer Sorge, ob es die Perser zerstörten, schwebte, erfochten, verkündete, brachte, starb.

Ein Gastwirt ließ ein Schild malen, war aber mit der Ausführung nicht zufrieden und sagte zu dem Maler: „Der Zwischenraum zwischen Bier und und und und und Wein ist nicht gleichmäßig!"

Zum Klavierspielen muß man geboren sein. Denn wenn man nicht geboren ist, kann man nicht Klavier spielen.

Mündlich

Die Rede eines Redners

Wenn ich als beredtester Redner der rednenden Redezeit mich überreden lasse, jetzt eine Rede zu reden, so reden Sie sich nicht etwa ein, daß ich Ihnen etwas vorreden werde; davon ist keine Rede. Wenn man sich einredet, eine Rede reden zu können, und sich überreden läßt, sich redlich zu bemühen, als rednender Redner beredtest von sich Reden zu machen, so muß man vor allen Dingen Reden reden können. Ich rede mir ein, Ihnen aufreden zu können, daß ich ein Redner bin. Sie werden nicht in Abrede stellen, daß meine Anrede mehr eine Vorrede war, auf die von einer Nachrede keine Rede mehr sein kann, aber lassen Sie mich ausreden! Nicht jeder Redner, der redend Reden redet, kann solche Reden reden, wie ich rede, denn ich kann Reden reden, sage ich Ihnen, darüber könnte man Reden reden! Und wenn Sie von dieser Rede, die ich Ihnen jetzt vorgeredet habe, noch reden werden, wenn ich längst keine Rede mehr rede, dann rede ich mir ein, ich kann als beredtester Redner der rednenden Rednerzeit in beredter Weise von mir Rede machen! Nun reden Sie!

Unbekannter Verfasser
(um 1910)

Mit einem Satz über die Straße

Nehmen wir mal an, ich hätte Lust, eine Straße zu bauen, und nehmen wir weiter an, es würde sich für mein Projekt auch ein geeigneter Auftraggeber finden, sagen wir der Rat irgendeines Stadtbezirks, dann müßte ich mir zunächst eine klare Übersicht über Grundwasser, Baugrund sowie über die unterirdischen Kabel- und Röhrensysteme verschaffen, was allein schon auf der Ebene einer mittleren Lebensaufgabe liegt, dabei ist dies erst der bescheidene Anfang, denn nun geht's eigentlich richtig los mit dem Projektieren, das heißt, ich muß jetzt mit größter Exaktheit Breite, Straßenaufbau, Längsschnitt, Querschnitt, Entwässerung, Straßeneinläufe und dergleichen in den Griff kriegen, und das will, bitte schön, gemeistert sein, doch was wäre das schönste Straßenprojekt ohne den Baubetrieb, der die kühnen Pläne zur Strecke bringt beziehungsweise in die Tat umsetzt – ein Nichts wäre es oder sogar noch weniger, wenn Sie wollen, aber nehmen wir ruhig mal an, ich hätte einen Baubetrieb gefunden, der meinen Vorstellungen entspricht, dann gibt's natürlich erst mal eine lange Diskussion mit erstaunlich vielen Beteiligten, wobei es sich unter Umständen herausstellen kann, daß mein Projekt an allen Ecken und Kanten hinkt, besonders hinsichtlich der Konstruktionsdicke, der Linienführung im Längsschnitt; vor allem aber wird mein Vorschlag, den Fußgängerweg mit K-Platten auszulegen, bestimmt auf lebhaften Widerstand stoßen, weshalb mir wohl nichts weiter übrigbleiben wird, als das ganze Objekt noch mal von vorn zu beginnen, ja, und dann, meine sehr verehrten Damen und Herren, dann kann der Baubetrieb plötzlich nicht mehr; vielleicht wegen Zeit- respektive Materialmangel oder aus anderen Gründen, und dann muß mein Projekt leider bis auf weiteres zurückgestellt werden, eventuell für zwei bis drei Jahre, wobei allerdings berücksichtigt werden muß, daß die Technik munter fortschreitet, was möglicherweise dazu führen kann, daß völlig neue Gesichtspunkte in bezug auf die Konstruktion, auf den Deckenaufbau usw. auftauchen, und da wird der Baubetrieb natürlich mit Recht sagen, daß es so, wie ich es mir gedacht habe, nun denn doch nicht mehr ginge, ja, und dann muß ich mich eben schleunigst wieder hinsetzen und umprojektieren, und wenn ich mir dazu verbindliche Unterlagen beschaffen will, aus denen klipp und klar hervorgeht, wie eine moderne Stadtstraße anzulegen ist, speziell im Hinblick auf Verkehrsknotenpunkte und so, werde ich zu meinem großen Erstaunen feststellen, daß es solche Unterlagen noch gar nicht gibt, und, sehen Sie, weil ich das alles schon vorher genau weiß, möchte ich doch lieber sagen, daß ich nicht die geringste Lust verspüre, eine Straße zu bauen (Zwischenruf eines Lesers: „Nun machen Sie aber endlich einen Punkt!").

Hans Seifert

Von oben nach unten – dann erst von links nach rechts

Hab du nur deine Lust
an eines Mädchens Brust
der hat sich wohl gestellt
wer sich zum Mädchen hält
es ist vortrefflich schön
den Mädchen nachzugehn
drum wünsch ich dir allein
bei Mädchen stets zu sein

mein Freund, an hohen Gaben
wird man sich selten laben
wer Kunst und Weisheit liebt
der ist stets nur betrübt
bei seiner Arbeit sitzen
kann wahrlich nicht viel nützen
mit Fleiß die Kunst zu treiben
das rat ich dir, laß bleiben.

Unbekannter Verfasser
(um 1817)

An die freie Presse

Wohlwollender, wirklicher geheimer Rat

*H*alte nicht zurück die Meinung!
*A*us dem Herzen in die Welt!
*L*aß getrost in die Erscheinung
*T*reten, was dir wohlgefällt –
*S*trafe kühn das Geistig-Hohle,
*M*ach dich zu der Wahrheit Hort!
*A*lles dient dem Staat zum Wohle,
*U*nd bei uns heißt die Parole:
*L*icht und Luft dem freien Wort!

Adolf Glaßbrenner

Nachruf

Wohl auch die stille Häuslichkeit
ist eines Denkmals wert!
Ihr sei es hier von mir geweiht,
und wer die Tugend ehrt
auch in dem einfachen Gewand,
mir, meinem Schmerz, ist er verwandt!

(Grabschrift des Notars Faber
für seine Frau in Bingen/Rhein)

Kurzgeschichten

Er hatte ein Bärenweibchen, und die Kinder verspotteten ihn. Da sagte er: „Wenn ihr mich weiter verspottet, schicke ich das Bärenweibchen auf euch, und es wird euch auffressen." Dann taten sie es. Dann tat er es. Dann tat es es.

Student: „Darf man zu einem Professor Esel sagen?"
Professor: „Unterstehen Sie sich!"
Student: „Darf man zu einem Esel Professor sagen?"
Professor: „Das kann Ihnen niemand verbieten."
Student: „Recht schönen Dank, Herr Professor!"

Meine Frau hat sich über das Hausmädchen geärgert, und dann hat sie sich über mich geärgert, weil ich mich nicht auch über das Hausmädchen geärgert habe. Dann hat sie sich über sich selbst geärgert, weil sie sich über mich geärgert hat, weil ich mich nicht über das Hausmädchen geärgert habe.

Im Café: „Du sollst mal sehen, wie die mich ansieht, wenn sie sieht, daß ich nicht sehe, daß sie mich sieht.“

Unter Freundinnen: „Sie hat mir gesagt, du hättest ihr das gesagt, von dem ich dir sagte, du solltest es ihr nicht sagen.“ – „Ich hatte ihr doch gesagt, sie solle dir nicht sagen, daß ich es ihr gesagt habe.“ – „Ich habe ihr versprochen, dir nicht zu sagen, daß sie mir gesagt hat, daß du es ihr gesagt hättest; also sag ihr nicht, daß ich dir gesagt habe, daß sie es mir gesagt hat.“

Fremder am Tor der Irrenanstalt: „Verzeihung, bin ich hier richtig?“ Pförtner: „Wenn Sie richtig sind, sind Sie nicht richtig, wenn Sie aber nicht richtig sind, sind Sie richtig.“

Da wandte sich das junge Mädchen an den großen, blutbefleckten Mann, der ein blinkendes, scharfes Messer in der Rechten hielt. Auf den herausfordernden Blick des Gewaltigen hin schlug das Mädchen die Augen nieder und flüsterte mit zitternder Stimme: „Mann, haben Sie denn kein Herz?“ – „Nein“, erklang die harte Stimme. Sie seufzte tief auf und sagte dann: „Gut, so geben Sie mir eben ein Pfund Nieren.“

Das Auto fuhr an einen Baum. Als man zur Besinnung kam, schrie der Mann: „Wo ist der Schnellverband?“ Und die Frau antwortete: „Er steckt in der Vasenoldose, die in meiner Puderschachtel liegt, die sich in deiner Zigarrenkiste befindet, die wir in meine Nachthemden eingewickelt haben, zuunterst in meinem kleinen Koffer, der in die Reisedecke eingeschlagen und unter deine Wäsche in den großen Koffer hineingelegt wurde, den wir in der Eile zu Hause vergessen haben.“

Es ist wirklich zu bunt, wenn ein grüner Junge blauen Montag macht, dafür von seinem grauen Vater braun und blau geschlagen wird, so daß es ihm grün und gelb vor den Augen wird, er sich darüber schwarz ärgert und rot vor Scham davonschleicht – und wenn das dann noch schwarz auf weiß in der Zeitung steht.

Vorigen Handschuh verlor ich meinen Herbst. Da ging ich drei Tage finden, ehe ich ihn suchte...

„Wieviel Uhr ist es?"
„Mittwoch."
„O weh, da muß ich aussteigen."

Unbekannte Verfasser und mündlich

Im Reisebüro

„Ich möchte einen Schlafwagenplatz bestellen."
„Oben oder unten?"
„Was ist da für ein Preisunterschied?"
„Fünf Mark. Im allgemeinen stellt sich das untere Bett höher als das obere. Der höhere Preis gilt für unten. Wünschen Sie also unten, dann müssen Sie höher gehen, denn wir verkaufen das obere niedriger als das untere. Die meisten Herrschaften mögen das obere nicht, obgleich es sich niedriger stellt, weil es höher liegt. Denn wenn sie ein oberes nehmen, müssen sie raufsteigen, um sich niederzulegen, und runtersteigen, wenn sie aufstehen. Wünschen Sie also ein höheres Bett, so wird der Preis niedriger sein, wünschen Sie aber ein niedriges, so wird der Preis höher steigen – – – übrigens: dieser Zug fährt jetzt früher, früher fuhr er später, aber später wird er wieder früher fahren – – – ist Ihnen nicht wohl?"

(nach Hans Weis)

Bericht des Landbürgermeisters Mathias Zürngiebel über den großen Brand in der Gemeinde Hinterpfunzenhausen

Das Feuer entstand durch Irrsinnigkeit des Anton Kraxenberger, oder weil Kinder zum Schweinefüttern verwendet wurden. Es laufen verschiedene Gerüchte im Dorfe herum. Der Feuerlärm erfolgte durch Läuten der Glocken und Trompeter vorschriftsmäßig.

Der Besitzer des Brandobjektes konnte keine Löschversuche machen, weil er kein Wasser hatte und weil er nicht zuhause war. Der Brandplatz war durch zwei Laternen und einen Gendarmen erleuchtet.

Die Löscharbeiten leitete der zweite Vorstand, weil es beim Kommandanten selbst in der Oberstube brannte.

Die Löschmaschinen wurden anfangs aus der Jauche des Beschädigten gespeist, später erhielten sie Wasser durch tragende Mädchen und Einschütten derselben in die Spritzen sowie durch Saugen der Feuerwehrleute am Hydranten.

Vom Nachbardache aus gab der Feuerwehrmann Bergmeier mit kräftigem Strahle sein Wasser ab, und alle Öffnungen des Nachbars wurden mit Mist verstopft. Gerettet wurde ein Kleiderkasten, eine Kuh, welche gestohlen wurde, die Großmutter des Brandstifters und noch eine alte Sau.

Die Dienstmagd Katharina Nudelmeier rettete das nackte Leben im bloßen Hemd. Das Rindvieh rannte beständig in das Feuer hinein, welches eingesperrt wurde.

Der vorgeschriebene Brand hat gelehrt, daß das Spritzenhaus nicht so weit von der Brandstätte entfernt sein soll. Der Erfolg der Freiwilligen Feuerwehr war groß und wird von allen bewunderungswürdigen Einwohnern geteilt.

Unbekannter Verfasser
(um 1880)

Wenn

Wenn ich der junge Mann aus dem vierten Stock wäre, der immer so behende die Treppe hinaufhüpft, ein Liedchen pfeift, der hübschen Elke aus dem zweiten eins hintendrauf gibt, aber sonst niemanden mit einem Gruß bedenkt, dann hätte ich längst schon mal dem alten Rentner Weißhorn, der im dritten wohnt, den Eimer Kohlen mit nach oben genommen. Der alte Rentner Weißhorn setzt nämlich im ersten Stock immer seinen Eimer ab und pustet ein bißchen. Dann kommt der junge Mann aus dem vierten die Treppe hochgehüpft, pfeift ein Liedchen, saust grußlos an dem alten Rentner Weißhorn vorbei, gibt eine Treppe höher – peng! – der hübschen Elke eins hintendrauf, und ein paar Sekunden später verschwindet er im vierten hinter seiner Wohnungstür, die jedesmal mit lautem Krach ins Schloß fällt. Das ist dann das Signal für den alten Rentner Weißhorn, seinen Eimer zu ergreifen und weiterzuasten.
Also, wie gesagt, wenn ich der junge Mann aus dem vierten Stock wäre, der immer so behende die Treppe hinaufhüpft, ein Liedchen pfeift, der hübschen Elke aus dem zweiten eins hintendrauf gibt, aber sonst niemanden mit einem Gruß bedenkt, dann hätte ich längst schon mal dem alten Rentner Weißhorn, der im dritten wohnt, den Eimer Kohlen mit nach oben genommen.
Leider bin ich aber nicht dieser junge Mann aus dem vierten Stock. Leider bin ich der alte Rentner Weißhorn aus dem dritten, der immer im ersten Stock seinen Eimer absetzt und ein bißchen pustet.

John Stave

Mildernde Umstände

Lehmann steht vor Gericht, weil er Frau Meier in der Straßenbahn eine Ohrfeige heruntergehauen hat. Er wird befragt, wie er dazu gekommen sei.

„Also, Herr Richter, ich sitze in der Straßenbahn, und gegenüber von mir sitzt diese Frau. Da kommt der Schaffner mit den Fahrkarten. Die Frau macht das Handtäschchen auf, nimmt das Geldtäschchen heraus, macht das Handtäschchen zu, macht das Geldtäschchen auf, nimmt eine Mark heraus, macht das Geldtäschchen zu, macht das Handtäschchen auf, legt das Geldtäschchen hinein, macht das Handtäschchen zu. Dann löst die Frau beim Schaffner eine Fahrkarte, macht das Handtäschchen auf, nimmt das Geldtäschchen heraus, macht das Handtäschchen zu, macht das Geldtäschchen auf, legt den Fahrschein hinein, macht das Geldtäschchen zu, macht das Handtäschchen auf, legt das Geldtäschchen hinein, macht das Handtäschchen zu. Gleich darauf kommt der Kontrolleur und verlangt die Fahrscheine. Die Frau macht das Handtäschchen auf, nimmt das Geldtäschchen heraus, macht das Handtäschchen zu. Dann macht sie das Geldtäschchen auf, nimmt den Fahrschein heraus, macht das Geldtäschchen zu, macht das Handtäschchen auf, legt das Geldtäschchen hinein, macht das Handtäschchen zu. Der Kontrolleur prüft den Fahrschein und gibt ihn der Frau zurück. Die Frau macht das Handtäschchen auf, nimmt das Geldtäschchen heraus, macht das Handtäschchen zu. Dann macht sie das Geldtäschchen auf, legt den Fahrschein hinein, macht das Geldtäschchen zu, macht das Handtäschchen auf, legt das Geldtäschchen hinein, macht das Handtäschchen zu.

Auf der nächsten Station steige ich um, und mir gegenüber setzt sich wieder diese Frau, die ebenfalls umgestiegen ist. Der Schaffner verlangt den Fahrschein, sie macht das Handtäschchen auf, nimmt das Geldtäschchen heraus, macht das Handtäschchen zu, macht das Geldtäschchen auf, nimmt den Fahrschein heraus, macht das Geldtäschchen zu, macht das Handtäschchen auf, legt das Geldtäschchen hinein, macht das Handtäschchen zu. Der Schaffner reißt den Fahrschein ab, die Frau macht das Handtäschchen auf, nimmt das Geldtäschchen heraus, macht das Handtäschchen zu, macht das Geldtäschchen auf, legt den Fahrschein hinein, macht das Geldtäschchen zu, macht das Handtäschchen auf, legt das Geldtäschchen hinein, macht das Handtäschchen zu. Da kommt der Kontrolleur –"

„Um Gottes willen", sagt der Richter, „hören Sie auf, da wird man ja wahnsinnig!"

„Das hab' ich mir auch gedacht", sagt Lehmann, „und da hab' ich ihr eine heruntergehauen."

Unbekannter Verfasser
(um 1925)

Das Wiedersehen

Y: Ah, guten Tag, wie geht's?
X: Och...
Y: Ich soll Sie übrigens von Köppke grüßen.
X: Der mit der Glatze?
Y: Das ist Kuppke. Ich meine Köppke, dessen Schwester mit Kurt Schöbel verheiratet ist.
X: Kurt Schöbel?
Y: Der mit dem Kühlik aus der Stanzerei den Lottogewinn gemacht hat.
X: Kühlik?
Y: Der Lange mit den Pickeln.
X: Ach, Fritz Kühlik!
Y: Das ist sein Bruder. Ich meine den Gerd.
X: Kenn' ich nicht.
Y: Der immer mit der Feigl zusammen war.
X: Die Feigl aus Treptow?
Y: Nein, Frieda Feigl. Die so laut gesprochen hat damals auf dem Lehrgang.
X: War das nicht die Schurig?
Y: Nein, die Schurig war die Dicke. Die dem Piesterich das Zigarettenetui breitgetreten hat.
X: Piesterich?
Y: Der so aufgeworfene Lippen hatte.
X: Ach der!
Y: Nein, der nicht. Das verwechseln Sie jetzt.
X: Verwechseln Sie das jetzt nicht?
Y: Ich werde doch Piesterich II kennen! Der hat doch im Werk I das Holzlager verwaltet. Seine Frau ist eine geborene Schnabel.
X: Schnabel?

Y: Der Bruder von dem Schaffner.

X: Den Sie mir auf dem Betriebsvergnügen vorgestellt haben?

Y: Nein, das war der Schwager von Ernst Zabel. Der ist auch Schaffner.

X: Richtig! Der mir das Bier über die Hosen gegossen hat.

Y: Nein, der Schwager heißt Hämmerling.

X: Hämmerling?

Y: Der sommersprossige Schlosser aus der Vorfertigung. Der am Lohntag immer zweistimmig mit dem Härzig gesungen hat.

X: Der Benno Härzig, der damals den Nagel verschluckt hat?

Y: Ja, der!

X: Dann weiß ich jetzt, wer Köppke ist. Ich dachte erst an Kaphengst.

Y: Haben Sie nicht damals mit dem Köppke den dicken Verbesserungsvorschlag gemacht?

X: Nein, das war der Kuhlmann.

Y: Haha, das ist gut, Kollege Kuhlmann!!

X: Kuhlmann? – Ich bin doch Pätrich!

Y: Herrgottnochmal, natürlich! Sie sind ja Pätrich, Kollege Pätrich! Wie ich das verwechseln konnte! Und was macht die Familie?

X: Ich bin doch Junggeselle.

Y: Natürlich sind Sie! Aber jetzt muß ich endlich gehen. War hochinteressant, Kollege Pätrich. Wiedersehen!

X: Wiedersehen! Und schöne Grüße von Paul Weigand an Ihren Vetter.

Y: Paul Weigand kenne ich nicht.

X: Aber das ist doch der Freund Ihres Vetters Kuhlke!

Y: Mein Vetter heißt Mehrmann.

X: Und ich dachte, Ihr Vetter heißt Kuhlke.

Y: Kuhlke bin doch ich!

X: Und ich wundere mich schon die ganze Zeit, warum Sie Ihrem Vetter so ähnlich sehen!

Y: Also, auf Wiedersehen! Aber meinem Vetter sehe ich nicht ähnlich.

X: Das ist doch klar! Weil Sie ja jetzt Ihr Vetter sind. Auf Wiedersehen!

Johannes Conrad

Eine kitzlige Geschichte

Hauptmann konnte zu Brahm sagen, führe Die Jungfern vom Bischofsberg auf oder führe sie nicht auf, oder willst du sie aufführen, ja oder nein, Brahm konnte zu Hauptmann sagen, ich führe sie auf oder nicht auf, oder soll ich sie aufführen, ja oder nein, Jacobsohn konnte von Hauptmann sagen, Hauptmann hätte zu Brahm sagen können, führe sie nicht auf, oder willst du sie aufführen, ja oder nein, worauf Brahm, sagt Jacobsohn, hätte sagen können, ich führe sie nicht auf, noch will ich sie aufführen, worauf Bahr sagt, Brahm hätte nicht sagen können, ich führe sie nicht auf, wenn Hauptmann gesagt habe, führe sie auf, und Salten sagt, wenn Brahm nicht gesagt hätte, ich führe sie auf, so hätten alle gefragt, warum sagt Brahm, ich führe sie nicht auf, und Hauptmann konnte zu Reinhardt sagen, führe sie auf, oder willst du sie aufführen, ja oder nein, und Reinhardt konnte sagen, ich führe sie auf, und dann konnte Brahm sagen, warum habe ich nicht gesagt, ich führe sie auf, dann hätte Hauptmann nicht zu Reinhardt gesagt, willst du sie aufführen, ja oder nein, nun aber hat Brahm ja gar nicht gesagt, ich führe sie nicht auf, obwohl er es hätte sagen können, wenn auch dann Bahr und Salten nicht hätten sagen können, Brahm konnte nicht anders sagen als ich führe sie auf, nachdem Hauptmann einmal gesagt haben konnte, führe sie auf, oder willst du sie aufführen, ja oder nein usw.

Christian Morgenstern

Dummes Zeug

Wahrgesagt

Gib, blanker Bruder, gib mir Wein
und laß die Hand mich sehn,
so wollen wir dir prophezein,
was sicher wird geschehn.

Merk auf, es ist ein hohes Wort
und liegt viel Wahrheit drin:
Sind vierundzwanzig Stunden fort,
so ist ein Tag dahin.

Sobald es Nacht geworden ist,
sind alle Katzen grau;
und wenn der Mann sein' Gattin küßt,
so küßt er seine Frau.

Der dich um eine Wohltat bat,
der war ein armer Tropf;
und wer den ganzen Ochsen hat,
hat auch den Ochsenkopf.

Wenn in der Nuß das Kernchen fehlt,
ist sie vermutlich hohl;
der, den das kalte Fieber quält,
befindet sich nicht wohl.

Wo aus dem Hahne nichts mehr braust,
ist oft ein leeres Faß;
und wo ein Dieb was weggemaust,
vermißt man meistens was.

Von Schüsseln, wo die Speise fehlt,
wird selten einer satt;
und wer das Land zum Wohnsitz wählt,
der wohnt nicht in der Stadt.

Wer Heu genug im Stalle hat,
dem wird die Kuh nicht mager;
und wer 'ne schöne Schwester hat,
der kriegt bald einen Schwager!

Wenn du zum Spiegel dich bemühst,
zeigt sich der erste Tor;
der zweite, der nicht sichtbar ist,
steht meistenteils davor.

Baust du von Brettern dir ein Haus,
so hast du keins von Stein;
und ist des Sängers Liedchen aus,
wird's wohl zu Ende sein.

Volkslied aus dem 19. Jahrhundert

Zwischenraum-Idylle

Durch die Mitte der Natur
zieht sich eine Pappelschnur.
Rechts sind Bäume, links sind Bäume
und dazwischen Zwischenräume.
In der Mitte fließt ein Bach –
Ach!

Unbekannter Verfasser

Stimmungslied

Lämmergeier ziehn in Bogen,
ruhig liegt der Königssee,
nur auf seinen blauen Wogen
schwimmt ein leeres Portemonnaie;
in der Ferne schwebt ein Reiher
über des Gebirges Joch –
Portemonnaie und Lämmergeier,
wie verschieden seid ihr doch!

Mikado (d. i. Karl Edler von der Planitz)

Der alte Marabu

Im Schneegebirge Hindukuh
da sitzt ein alter Marabu
auf einem Fels von Nagelfluh
und drückt das rechte Auge zu.

Weshalb wohl, fragst du, Leser, nu,
weshalb wohl sitzt der Marabu
im Schneegebirge Hindukuh

auf einem Fels von Nagelfluh
und drückt das rechte Auge zu?

Hab Dank, o lieber Leser du,
für dein Intress' am Marabu!
Allein weshalb im Hindukuh
er drückt das rechte Auge zu
auf einem Fels von Nagelfluh –
weiß ich so wenig als wie du!

Edwin Bormann

Die Postkarriere

Es sitzt in jungem Alter
der Posteleve Walter
an einem dunklen Schalter
mit seinem Federhalter.

Der Assistent Herr Walter
sitzt in schon mittlerm Alter
mit seinem Federhalter
an einem dunklen Schalter.

Mit seinem Federhalter
sitzt noch in hohem Alter
an einem dunklen Schalter
Herr Sekretarius Walter.

Unbekannter Verfasser

Keine Poesie mehr

Ich wandelte stumm im Walde
so für mich hin,
und ein gar lieber Gedanke
lag mir im Sinn:

Wenn hier eine Schenke stände
mit Bier und Wein,
ich zögerte wohl nicht lange
und ging' hinein.

Und hätte der Wirt eine Tochter,
wie schön wär' das!
Und sie in die Wangen kneipen,
das wär' ein Spaß!

Ich bliebe da und vergäße
wohl all mein Leid
beim Kneipen in der Schenke
und in die Maid...

Die Schenke blieb und das Mädchen
ach! nur ein Traum.
Nichts stand in dem dummen Walde
als Baum an Baum.

Ich wandelte stumm nach Hause,
ich weiß nicht wie –
Verschwunden ist von der Erde
die Poesie.

Otto Sommerstorff

Der Verdrießliche

Ich bin verdrießlich;
weil ich verdrießlich bin,
bin ich verdrießlich.

Sonne scheint gar zu hell,
Vogel schreit gar zu grell,
Wein ist zu sauer mir,
zu bitter ist das Bier,
Honig zu süßlich.
Weil nichts nach meinem Sinn,
weil ich verdrießlich bin,
bin ich verdrießlich.

Dort wird Musik gemacht,
dort wird getanzt, gelacht,
dort wirft man gar den Hut:
Wie mich das ärgern tut!
Ist nicht ersprießlich,
ist nicht nach meinem Sinn,
weil ich verdrießlich bin,
ach, so verdrießlich!

Wo ich auch geh' und steh',
ich meinen Schatten seh',
immer verfolgt er mich,
ist das nicht ärgerlich?
Und wenn der Himmel trüb,
ist es mir auch nicht lieb,
Winter ist mir zu kalt,
Frühling kommt mir zu bald,
Sommer ist mir zu warm,
Herbst bringt den Mückenschwarm,
Mücken auf jeder Hand,
Mücken an jeder Wand;
O wie mich das verstimmt!
O wie mich das ergrimmt!

Wie das ins Herz mir brennt!
Himmelkreuzelement –
bin ganz verdrießlich,
weil nichts nach meinem Sinn,
weil ich verdrießlich bin,
ach, wie verdrießlich!

Ludwig Bechstein

Dunkle Nacht in Europa

Das ist doch sehr wunderbar,
daß die Nacht so dunkel ist.
Alle Sterne schliefen ein –
auch der schöne Mondenschein.
Und ich finde nicht nach Haus,
tappe, taste so mich weiter,
stolpre, falle, liege, denke –
doch die Nacht bleibt dunkel –
all das viele Glanzgefunkel
ist total verschwunden.
Das ist doch sehr wunderbar,
daß die Nacht so dunkel ist.
Warum ist sie dunkel?
O du Rätsel der Nacht!

Paul Scheerbart

Vetter Michel

Gestern abend war Vetter Michel hier,
gestern abend war Vetter Michel da,
Vetter Michel war gestern abend hier,
gestern abend war er da.

Der ein' sprach nein, der andre ja.
Vetter Michel sprach wohl nein und ja.
Vetter Michel war gestern abend hier,
gestern abend war er da.

Gestern abend war Vetter Michel hier,
gestern abend war Vetter Michel da.
Der Vater saß am Herd und brummt',
Vetter Michel aber kummt.
Vetter Michel mit dem Beutel klingt,
der Vater lacht, Vetter Michel singt.
Vetter Michel war gestern abend hier,
gestern abend war er da.

Gestern abend war Vetter Michel hier,
gestern abend war Vetter Michel da.
Die Mutter saß an ihrem Rad,
Vetter Michel in die Stube trat;
er schwatzte her, er schwatzte hin,
das war der Frau nach ihrem Sinn.
Vetter Michel war gestern abend hier,
gestern abend war er da.

Gestern abend war Vetter Michel hier,
gestern abend war Vetter Michel da.
Die Brüder kamen all' herbei,
Vetter Michel sprach da mancherlei;
dem war's das Pferd, dem war's der Hund,
Vetter Michel es mit allem kunnt'.
Vetter Michel war gestern abend hier,
gestern abend war er da.

Gestern abend war Vetter Michel hier,
gestern abend war Vetter Michel da.
Vetter Michel war gestern abend hie,
er stieß das Mädel an das Knie,

das Mädel lacht, das Mädel schreit,
Vetter Michel ist es, der da freit.
Vetter Michel war gestern abend hier,
gestern abend war er da.

Unbekannter Verfasser
(um 1750)

Das Quadrat

Laßt uns das Quadrat betrachten,
denn das ist dem Geist gesund.
Höher müssen wir es achten
als den Kreis, der gar zu rund.

Niemand kann es ihm bestreiten,
daß es ist an Tugend reich.
Denn es hat vier gute Seiten,
und sie sind einander gleich.

Ohne jeden falschen Dünkel
steht es da auf dem Papier.
Denn es hat nur rechte Winkel
und besitzt derselben vier.

Manchen Vorzug hat's unstreitig,
den beim Dreieck man vermißt,
und erfreut auch anderseitig,
weil es so symmetrisch ist.

Ja, zur Lust der Weltbewohner
ist's geschaffen in der Tat.
Reinlicher und zweifelsohner
ist wohl nichts als das Quadrat.

Johannes Trojan

Es war einmal ein Mann

Es war einmal ein Mann,
der hatte alte Stiefel an,
die schadhaft offen stehen.
Da kauft' er sich ein neues Paar,
wie man sie trug in jenem Jahr,
man mochte nichts Schöners sehen.
Allein was tat der gute Mann?
Er zog sie über die alten an
und konnte nun gar nicht gehen.

Franz Grillparzer

Polemik

Der Erste hat das Haar gespalten
und einen Vortrag darüber gehalten;
der Zweite fügt es neu zusammen
und muß die Ansicht des Ersten verdammen;
im Buche des Dritten kann man lesen,
es sei nicht das richtige Haar gewesen.

Ludwig Fulda

Schön ist ein Zylinderhut

Schön ist ein Zylinderhut,
juchheidi, juchheida,
wenn man ihn besitzen tut,
juchheidi, heida.
Doch von ganz besondrer Güte
sind stets zwei Zylinderhüte.
Jumheidi und jumheida,
Schnaps ist gut für die Cholera.

Hat man der Zylinder drei,
juchheidi, juchheida,
hat man einen mehr als zwei,
juchheidi, heida.
Vier Zylinder, das sind grad
zwei Zylinder zum Quadrat.
Jumheidi und jumheida,
Schnaps ist gut für die Cholera.

Fünf Zylinder sind genau,
juchheidi, juchheida,
für drei Kinder, Mann und Frau,
juchheidi, heida.
Sechs Zylinder, es ist toll,
machen's halbe Dutzend voll.
Jumheidi und jumheida,
Schnaps ist gut für die Cholera.

Sieben Zylinder sind genug,
juchheidi, juchheida,
für 'nen kleinen Leichenzug,
juchheidi, heida.
Hat man der Zylinder acht,
wird der Pastor auch bedacht.
Jumheidi und jumheida,
Schnaps ist gut für die Cholera.

Hat man der Zylinder neun,
juchheidi, juchheida,
kriegt der Küster auch noch ein',
juchheidi, heida.
Zehn Zylinder sind bequem
für das Dezimalsystem.
Jumheidi und jumheida,
Schnaps ist stets für die Cholera.

Volkslied

Das Rätsel von den Knöppen

Kleidung des männlichen Geschlechts
knöppt sich immer von links nach rechts.

Bei den Damen jedes Dings
knöppt sich immer von rechts nach links.

Wenn du fragst: „Weshalb und warum?",
bleiben alle Gelehrten stumm.

Unterm weiten Himmelsbau
rechts nach links knöppt jede Frau

Und solang er knöppern kann,
links nach rechts knöppt jeder Mann.

Weiß kein Weiser, sagt keine Sphinx,
wieso dort rechts, wieso hier links.

Mensch, zerbrich dir nicht den Kopp!
Ewiges Rätsel bleibt dir der Knopp.

Gustav Hochstetter

Der Schaukelstuhl auf der verlassenen Terrasse

Ich bin ein einsamer Schaukelstuhl
und wackel im Winde,
im Winde.

Auf der Terrasse, da ist es kuhl,
und ich wackel im Winde,
im Winde.

Und ich wackel und nackel den ganzen Tag.
Und es nackelt und rackelt die Linde.
Wer weiß, was sonst wohl noch wackeln mag
im Winde,
im Winde,
im Winde.

Christian Morgenstern

Auf der Höhe

Es steht ein Vater
mit seinem Sohn
wohl auf der Höhe
der Situation.

Der Sohn ein Jüngling,
der Vater ein Greis;
es breitet sich um sie
ihr Anschauungskreis.

Und sieh, allmählich
wird da dem Paar
der beiderseitge
Gesichtspunkt klar.

Darauf steigt der Vater
mit seinem Sohn
herab von der Höhe
der Situation.

Johannes Trojan

Die Ahnung

Ich trank meinen Morgenkaffee und ahnte nichts Böses.
Es klingelte. Ich ahnte noch immer nichts Böses.
Der Briefträger brachte mir ein Schreiben. Nichts Böses ahnend, öffnete ich es.
Es stand nichts Böses darin.
Ha! rief ich aus. Meine Ahnung hat mich nicht betrogen.

Erich Mühsam

Scheidungsgrund

Er:
„Sie gab
zu viele Feste.
Jeden Tag hatten
wir Gäste.
Immer und immer.
Um mich auszuruhn,
blieb mir nur
das Badezimmer!"

Sie:
„Er gab
zu viele Feste.
Jeden Tag hatten
wir Gäste.

Um mich auszuruhn,
blieb mir nicht mal
das Badezimmer.
Da war er immer!“

Ulrich Semmler

August

Ein Eismann ruft: „Ais!“
Frau Mümmeling schwitzt
bei der Wäsche von ihrem Mann da.
Die Sonne brennt heiß.
Herr Mümmeling sitzt
im Schaukelstuhl auf der Veranda.
Ein Kind ruft ganz laut:
„Nicht schnarchen, juchhu!“
Herr Mümmeling spricht: „Hör ma, Wanda!“
Frau Mümmeling schaut
zu ihm und fragt: „Nu?“
Herr Mümmeling stöhnt: „Ach, ich kann da
bloß saren, ös üst schröcklüch haiß!“
Frau Mümmeling sagt spitz: „ICH waiß!“

Johannes Conrad

Und so weiter

Wir können nicht.
Wir haben eine Sitzung.
Ich male etwas auf ein Blatt Papier.
Zwei kleine Leute. Einer ähnelt dir.
Der andre mir.

Sie können nicht.
Die haben eine Sitzung
und malen etwas auf ein Blatt Papier.
Ganz kleine Leute. Jetzt sind's vier.
Zwei ähneln dir. Die beiden andren mir.

Sie können nicht.
Die haben eine Sitzung
und malen etwas auf ein Blatt Papier.

Rose Nyland

Tageslauf

Heut habn wir diskutiert,
zwölf Stunden diskutiert,
zu Mittag gabs ne Pause,
ansonst ist nichts passiert.

Peter Hacks

Levitation

Ein Stein auf einer Wiese liegt
ganz ruhig da. Doch plötzlich fliegt

der Stein empor, und knapp entgeht
ein Philolog, der nahe steht,

dem unerwarteten Geschoß.
Drauf fragt sich der: Was war das bloß?

Bin ich verrückt? Narrt mich ein Traum?
Der Stein fliegt weiter durch den Raum,

und bald gerät er außer Sicht.
Der Mann traut seinen Sinnen nicht.

Wie kann, so denkt er, sich ein Stein
aus seiner Lage selbst befrein,

entgegen dem Gesetz der Schwer-
kraft fliegen, ohne daß ihn wer

gestoßen hat? Das gibt es nicht!
– Doch dann verklärt sich sein Gesicht,

denn nun hat er den Stein erkannt
als sinnbildlichen Gegenstand,

der sich auch ohne Stoß bewegt,
weil er den Anstoß *in sich* trägt.

„Ich habe", ruft der Mann beglückt,
„den Stein des Anstoßes erblickt!"

Erik Simon

Charivari

Ratskollegium

Hochweiser Rat, geehrte Kollegen!
Bevor wir uns heute aufs Raten legen,
bitt' ich, erst reiflich zu erwägen,
ob wir vielleicht, um Zeit zu gewinnen,
heut sogleich mit dem Raten beginnen,
oder ob wir erst proponieren müssen,
was uns versammelt und was wir alle wissen?
Ich muß pflichtgemäß voranschicken hierbei,
daß die Art der Geschäfte zweierlei sei:
Die einen sind die eiligen,
die andern die langweiligen.
Auf jene pfleg ich „cito" zu schreiben,
die andern können liegen bleiben.
Die liegenden aber, geehrte Brüder,
zerfallen in wicht'ge und höchstwicht'ge wieder.
Bei jenen – nun, man wird verwegen,
man schreibt nach amtlichem Überlegen
„more solito" hier und dort: „ad acta".
Diener rennen, man flucht, verpackt da,
der Staat floriert und bleibt in Takt da.

Doch werden die Zeiten so ungeschliffen,
wild umzuspringen mit den Begriffen,
kommt gar, wie heute, ein Fall, der eilig
und doch höchstwichtiglich zugleich, dann freilich
muß man von neuem unterscheiden:
ob er mehr eilig oder mehr wichtig.
Ich bitte, meine Herrn, verstehn Sie mich richtig!
Der Punkt ist von Einfluß. Denn wir vermeiden
die species facti, wie billig, sofort,
findt sich der Fall mehr eilig als liegend.
Ist aber das Wichtige überwiegend,
wär Eile am unrechten Ort.

Meine Herren, Sie haben nun die Prämissen,
Sie werden den Beschluß zu finden wissen.

Joseph von Eichendorff

Alles mit Maß

Mancherlei sind es der Gaben, die gütige Götter den Menschen
zum Genusse verliehn sowie für die tägliche Notdurft.
Aber vor jeglichem Ding begehr ich gebratenen Schweinsfuß.
Meine Frau Wirtin, die merkt's, nun hab ich alle Tag Schweinsfüß.
Öfters im Geist ahnt mir: Jetzt ist kein einziger Schweinsfuß
mehr in der Stadt zu erspähn; was hab ich am Abende? Schweinsfüß!
Spräche der König nun gleich zum Hofkoch: „Schaffe mir Schweinsfüß!"
Gnade der Himmel dem Mann, denn nirgend mehr wandelt ein Schweinsfuß.
Und ich sagte zur Wirtin zuletzt: „Nun laßt mir die Schweinsfüß!
Denn er schmeckt mir nicht mehr wie sonst, der bräunliche Schweinsfuß."

Aber sie denkt, aus Zartgefühl nur verbät ich die Schweinsfüß,
lächelnd bringet sie mir auch heute gebratenen Schweinsfuß –
ei, so hole der Teufel auf ewig die höllischen Schweinsfüß!

Eduard Mörike

Zoologische Gedächtnisstrophen

Der Indier sieht den *Kakadu*
auf hohen Bäumen brüten;
er kommt auf den Antillen vor
sowie auf Damenhüten.

Der *Kolibri* umflattert gern
die bunten Wiesenblüten;
man trifft ihn in Brasilien an
sowie auf Damenhüten.

Die *Eidergans* dringt südlich vor
bis in das Land der Jüten;
sie nistet oft am Kattegatt
sowie auf Damenhüten.

Im Nest des *Haselhuhnes* soll
der Fuchs bisweilen wüten;
es hält sich in Gebüschen auf
sowie auf Damenhüten.

Auf Ebnen hockt der *Pfefferfraß*,
zumal auf sonndurchglühten;
er zeigt sich in Paraguay
sowie auf Damenhüten.

Die *Haubenlerche* war bekannt
schon bei den alten Skythen;
quartiert sich nah den Dörfern ein
sowie auf Damenhüten.

Das Krächzen läßt der *Arara*
von keinem sich verbieten;
man findet ihn in Borneo
sowie auf Damenhüten.

Vom *Drontevogel* melden uns
die Forscher bloß noch Mythen;
aus diesem Grunde sieht man ihn
auch nicht auf Damenhüten.

Alexander Moszkowski

Logische Beweise für die Notwendigkeit der Handwerker

Barbiere. Gäbe es keine Barbiere, so würden wir auch nicht geschnitten; würden wir nicht geschnitten, so flösse kein Blut; flösse kein Blut, so hätten wir auch keine Eroberer gehabt; hätten wir keine Eroberer gehabt, so fehlten uns die glänzendsten Namen der Geschichte: die glänzendsten Namen der Geschichte dürfen uns aber nicht fehlen, ergo muß es auch Barbiere geben.

Bäcker. Gäbe es keine Bäcker, so hätte auch niemand sein Brot; hätte niemand sein Brot, so könnte niemand Steuern zahlen; könnte niemand Steuern zahlen, so hätten wir auch keine Fürsten; hätten wir keine Fürsten, so würden die meisten Deutschen verzweifeln: die meisten Deutschen sollen aber nicht verzweifeln, ergo muß es auch Bäcker geben.

Branntweinbrenner. Gäbe es keine Branntweinbrenner, so hätten wir auch keinen Schnaps; hätten wir keinen Schnaps, so brauchten wir auch keine Mäßigkeitsvereine: Mäßigkeitsvereine brauchen wir aber, ergo muß es auch Branntweinbrenner geben.

Buchbinder. Gäbe es keine Buchbinder, so hätten wir auch keinen Einband; hätten wir keinen Einband, so kauften die Vornehmen auch keine Bücher; kauften die Vornehmen keine Bücher, so müßten die Schriftsteller verhungern; müßten die Schriftsteller verhungern, so brauchten auch keine Bücher verboten zu werden, ergo muß es auch Buchbinder geben.

Drechsler. Gäbe es keine Drechsler, so müßten wir tausenderlei entbehren; müßten wir tausenderlei entbehren, so würden wir verlangend; würden wir verlangend, so müßten neue Gesetze unsere Wünsche beschränken: die alten Gesetze sind aber zur Beschränkung unserer Wünsche hinreichend, ergo muß es auch Drechsler geben.

Gärtner. Gäbe es keine Gärtner, so hätten wir auch keine Orangerie; hätten wir keine Orangerie, so verlören die Schlösser und Palais ihren schönsten Schmuck; verlören die Schlösser und Palais ihren schönsten Schmuck, so hätten wir Deutschen einen neuen Grund zur Klage: wir Deutschen brauchen aber keinen neuen Grund zur Klage, ergo muß es auch Gärtner geben.

Weber. Gäbe es keine Weber, so gäbe es auch keine Hungernden; gäbe es keine Hungernden, so existierten auch keine reichen Fabrikherren; existierten keine reichen Fabrikherren, so könnten sie auch in den Kammern nicht liberal sein; könnten sie in den Kammern nicht liberal sein, so würde dem Menschenfreund nicht alle Tage unwohl werden: dem Menschenfreund wird aber alle Tage unwohl, ergo muß es auch Weber geben.

(Auswahl)
Adolf Glaßbrenner

Wundersame Hyperbeln auf Herrn Ziliacks zahlreiche Kinder

Gestern Abend $6^1/_2$ Uhr schenkte uns Gott einen strammen Jungen
(bis jetzt das sechsundzwanzigste Kind).
Connewitz, den 10. Jan. 1880

Hermann Ziliack sen.

(Leipziger Tageblatt Nr. 19/1880)

Daß Amor selbst im Alter frommt,
euch sagt's der Herzen muntres Pochen.
Je mehr dein Weib zu Jahren kommt,
je öfter kommt sie in die Wochen.

Wie ist die Stadt verwaist!
Die Ziliacks sind verreist.

Sieht Ziliack irgendwo ein Kind,
dem bittres Naß vom Auge rinnt,
so tröstet liebreich er das Kleine:
„Wer weiß, am Ende ist's das meine!"

Ob wir nicht einst im Blättchen lesen:
„Heiß ist der Kampf bei Toul gewesen.
Besonders taten sich hervor
die Ziliacks und das achte Corps."

„Wie? Zoroaster nanntest du dein Kind?
Nach so Barockem trüg' ich kein Verlangen."
„Ach, guter Freund, die schlichtren Namen sind
durch steten Zuspruch längst mir ausgegangen."

Unbekannter Verfasser
(1880)

Küchenrezept: Bereitung einer Mariage

Man nimmt einen jungen Herrn und eine junge Dame. Der junge Herr ist am besten roh, die junge Dame aber muß ganz zart sein. Man bringt den Herrn an die Mittagstafel und gießt in ihn ganz langsam ein Glas Portwein, und will man's ganz fein haben, etwas Champagner dazu. Will er nicht warm werden, nimmt man noch eine Flasche. Wird er rot, so setzt man ihn ins Gesellschaftszimmer; ist es Winterszeit, ans Kaminfeuer neben die Dame, tut eine Handvoll grünen Tee dazu, etwa drei Tassen für eine Person, und läßt sie leicht aufwallen; ist es Sommer, so stellt man sie an die freie Luft, etwa ans Fenster, jedenfalls möglichst weit weg, besteckt die Dame mit Blumen, setzt sie an das Klavier und rüttelt, bis sie singt. Hört man den Herrn dazu seufzen, so ist es sehr gut. Man nimmt sie alsdann wieder weg und setzt sie in eine Ecke ans Schachbrett und erhält sie den Abend über in gelinder Wallung. Man wiederholt dies zwei bis drei Mal, und die Hauptsache ist, daß das Feuer stets unterhalten wird; ist es zu stark, so läuft alles über, ist es zu schwach, so gerinnen sie oder werden zu Eis. Wie lange sie am Feuer sein müssen, richtet sich ganz nach den Umständen; tut man viel Münzen mit hinein, so geht es ganz rasch; mit Bankzetteln garniert, nimmt sich die Schüssel besonders gut aus. Man richtet an, eine wahre Delikatesse für zwei Personen; Essig darf nie dazu genommen werden, weil das Gericht ohnehin leicht sauer wird.

Unbekannter Verfasser
(um 1850)

Volksspruch

Der Mann:

10 Jahr: was frißt er!
20 Jahr: Philister.
30 Jahr: Pantoffelheld.

40 Jahr: scharrt nach Geld.
50 Jahr: wird wieder jung.
60 Jahr: noch Spiel und Trunk.
70 Jahr: frei vom Zopf.
80 Jahr: Schüttelkopf.
90 Jahr: nennt alles Wahn.
100 Jahr: noch Untertan!

Das Weib:

10 Jahr: Lärmerin.
20 Jahr: Schwärmerin.
30 Jahr: am Kinderbett.
40 Jahr: noch nett kokett.
50 Jahr: will keiner kommen.
60 Jahr: geht zu den Frommen.
70 Jahr: weiß und weise.
80 Jahr: im Engelkreise.
90 Jahr: engelgleich.
100 Jahr: vorm Himmelreich.

Adolf Glaßbrenner

Lebenssinn-Sprüche

Müller, Müller, Mahler,
die Mädchen kosten 'n Taler,
die Jungen einen Hühnerdreck,
die kehrt man mit dem Besen weg.
Die Mädchen kommen ins Himmelreich,
die Jungen in den tiefen Teich.

Kinderreim

Zwei Katzen und eine Maus,
zwei Weiber in einem Haus,
zwei Hunde an einem Bein
kommen selten überein.

Volksmund

Bescheidenheit, Bescheidenheit,
verlaß mich nicht bei Tische
und gib, daß ich zu jeder Zeit
das beste Stück erwische!

Kindervers

Wenn Frauen auseinandergehn,
dann bleiben sie noch lange stehn.

parodistisch
Unbekannter Verfasser

Es meint mancher Graukopf:
Nun wär' er ein Schlaukopf.
Doch bürgt die Behaarung
nicht stets für Erfahrung.

Oskar Blumenthal

Wer nur den lieben Gott läßt walten
und hat nichts
und hoffet auf ihn alle Zeit
und kriegt nichts,
den muß er wunderbar erhalten –
sonst geht's nicht.

Unbekannter Verfasser
(um 1875)

Des Himmels Regenwasser näßt
den Bösen und den Frommen.
        Den Bösen weniger,
        denn er
hat sich des Frommen Schirm genommen.

Arno Reinfrank

Ein weich verpackter,
ein fein befrackter,
nicht mehr intakter
Charakter.

Den Vers, den hab' ich in Vorrat gemacht,
ganz ohne Objekt; ich hab' halt gedacht:
Ich mach' ihn einmal, er wird schon passen,
man kann ihn brauchen in allen Gassen.

Friedrich Theodor Vischer

Betrachtungen über dünne und dicke Frauen

Heute dünn und morgen dick:
das ist das weibliche Geschick.

Den Unterschied von dünn und dick
erkennt man auf den ersten Blick.

Wer nur der dicken Frau vertraut,
der hat auf keine Braut gebaut.

Die dünne Frau sitzt angesichts
der Magerkeit beinah auf nichts.

Die Lerche steigt ins Wolkenblau.
Wie anders ist die dicke Frau!

Die dünne Frau ist leicht verstimmt,
wenn man ihr Rückenmark entnimmt.

Wenn dicke Frauen rasch verwesen,
so stört das sehr beim Zeitunglesen.

Wenn man die dünne Frau befühlt,
dann wird man bald recht abgekühlt.

Wenn man an dicken Frauen tastet,
dann spürt man erst, was sie belastet.

Im Gegensatz zu den sehr dicken
sind dünne Frau'n leicht zu verschicken.

Joachim Ringelnatz

Stephanie

Das war die kleine Stephanie.
Wer glaubt, daß die was wüßte?
Die wußte weder was, noch wie
trotz ihrer strammen Büste,
trotz ihrer strammen Bü... Bü... Bü...
trotz ihrer strammen Büste.

Ich hab' sie neulich engagiert
und fing gleich an zu schmeicheln
und hab' als kecker Mensch probiert,
den Busen ihr zu streicheln,
den schönen weichen Bu... Bu... Bu...
den Busen ihr zu streicheln.

Darauf jedoch errötet sie
und sprach mit Augenrollen:
Ich bin die kleine Stephanie
und weiß nicht, was Sie wollen.
Mit Ihrem Kitzikitzikitz,
ich weiß nicht, was Sie wollen.

Es war ihr alles gänzlich fremd;
sie glaubt, ein Leutenante
sei ohne Rock und ohne Hemd
genau wie ihre Tante,
genau wie ihre Ta... Ta... Ta...
genau wie ihre Tante.

Ludwig Thoma

Die Vielgeliebte

Meiner Vielgeliebten gleich
ist kein Mädchen in dem Reich;
eine beßre Beute
macht kein Fürst, drum trag' ich sie
auf den Händen, lasse nie
sie von meiner Seite.

Früh, eh' noch der Morgen graut,
hängt die Liebliche vertraut
schon an meinem Munde;
o wie brennt sie heiß für mich!
Wer ist froher dann als ich
auf dem Erdenrunde?

Dieses süße Lippenspiel
wird mir nimmermehr zuviel;
und in langen Zügen
schlürf' ich gierig manche Stund
aus dem schön geformten Mund
Labung und Vergnügen.

Manches Silberkettchen wand
meine pflegerische Hand,
manches Band von Seiden
um den schönen Hals; es muß,
wer sie sieht, mir den Genuß
dieser Holden neiden.

Schwirrt der Sorgen düstrer Schwarm
mir vor Augen, drückt der Harm
meine Seele nieder:
O dann fühl' ich ihren Wert;
denn aus ihrem Munde kehrt
Ruh und Frieden nieder.

Abends bei dem Mondenschein
lieg' ich oft mit ihr allein
hingestreckt im Grase;
manches Mädchen, jung und schön,
rümpft dann im Vorübergehn
über sie die Nase.

Mancher reiche Muselmann
schafft sich deren viele an,
liebt sie voller Treue.
Wird von einer heut beseelt,
und am andern Morgen wählt
er sich eine neue.

Laß, o Schicksal, sie mir nur!
Sie ist mir von der Natur
eine süße Gabe.
Feste, Gunst der großen Herrn,

Tanz und Spiel verlaß ich gern,
wenn ich sie nur habe.

Wenn man schmählich von ihr spricht,
tu' ich, als bemerkt' ich's nicht,
ob ich's gleich begreife;
mag sie auch verschmähet sein,
sie bleibt dennoch immer mein:
– meine Tabakspfeife!

Unbekannter Verfasser
(um 1780)

Tropenlandschaft

Wenn im Busch von Madagaskar
tönt des Schakals heisre Stimme
und nach Beute die Hyäne
lechzt mit stillverhaltnem Grimme;

wenn die flüchtigen Gazellen
scheucht des Leu'n geschärfte Kralle
und das Gnu, das wohlgehörnte,
durstig streift zum Wasserfalle;

wenn im Rohr das Krokodil sich
sonnet auf des Bachs Versandung
und am wolfsmilchübersäten
Strande tost der Syrte Brandung;

wenn die buntgefleckte Natter
züngelnd sich zum Knäuel ballet
und des Geiers krächzend Rufen
durch der Palmen Wipfel schallet;

wenn des Bodens dürre Rinde
berstet, wenn die Manschinellen
mit verderbensschwangrem Pesthauch
den erhitzten Dunstkreis schwellen;

wenn der Kaffer seine Pfeile
tränkt im Saft der gift'gen Bohnen:
freut sich der gesetzte Bürger,
nicht in Afrika zu wohnen.

Unbekannter Verfasser
(um 1880)

Berliner Elektrische

Es wird gebimmelt, es wird geschellt,
es wird gebremst, daß der Wagen hält,
es wird gestoppt, und es wird was gedreht,
es tut sich was mit der Elektrizität;
der Schaffner geht rein, und alsdann geht er raus,
er hat was zu tun, er schaltet was aus,
er ist beschäftigt ganz ungemein,
er schaltet was aus, und er schaltet was ein;
er polkt und bastelt an einer Feder,
er schiebt einen Schlagbaum gegen die Räder,
er hält aus irgendeinem Motiv
den Baum erst gerade und dann wieder schief.
Es wird eine Sache untergeschoben,
es wird was gezogen nach unten von oben,
es wird noch irgendwas vorbereitet,
die Stange wird wieder nach oben geleitet;
es wird gelocht, und es wird kupiert,
es wird was gerissen und was kontrolliert,
es wird was ins Dienstbuch hineinnotiert,
es wird am Kontakt was in Ordnung gebracht,
es werden die Lampen angemacht,

es wird wo gedrückt, daß die Birne entflammt,
dann gehen die Lampen aus allesamt,
es wird ein kleiner Defekt aufgefunden,
dann brennen sie wieder dreizehn Sekunden,
es wird gekurbelt und wird gestuckert,
es wird gehakt, bis der Wagen schuckert,
es wird was gekoppelt und rangewimmelt,
es wird erst hinten, dann vorne gebimmelt,
der Schaffner steigt runter und rauf die Stufen,
es wird in den Wagen hineingerufen;
es wird geknipst und Fahrgeld erhoben,
die Stange will noch nicht sitzen da oben,
es wird noch einmal was zurechtgeschoben,
es wird was probiert und wird was gerückt,
es wird was geschraubt und wird was gedrückt,
es wird was gemacht, um Strom zu sparen,
und manchmal wird auch sogar gefahren!

Alexander Moszkowski

Aus Mikoschs lyrischem Deklamatorium

Auf dem Berge Inowratzig
großes Baum gewachsen hat sich,
hiemelblau von Angesicht,
Name sein: Vergießmeinnicht.
IBBERSCHRIFT: DER VEILCHEN.

Auf dem Schimborasso oben
ist sich Plätzchen freigebloben;
kommt geflogen Mätzechen,
setzt sich auf den Plätzechen.
IBBERSCHRIFT: DAS KONDOR.

Schöne Mädchen gibt's in Wien,
schönnen Bummel in Berlin,
läbben läßt sich in Paris,
bloß bei mir zu Haus is mies.
IBBERSCHRIFT: DER HEIMAT.

Duften tut Hollunderstrauch,
duften tut das Flidder auch,
aber besser noch als sie
duftet meine Braut Marie.
IBBERSCHRIFT: DAS KÄSE.

Alexander Moszkowski

Die Unruh

Vermittels eines Magenschlauches
fand ein Chirurg im fernen Benares
bei einem Fakir im Innern des Bauches
ein Uhrwerk. Ein stattliches Uhrwerk war es.
Ein Griff, und der Eingriff war geschehn,
der Doktor hat stolz sich die Hände gerieben.
Ein kleines nur hatte er übersehn:
Die Unruh des Werks war im Magen geblieben.
Seitdem sucht der Fakir mit heißen Dämpfen
eine gewisse Unruhe im Leib zu bekämpfen.

Erwin F. B. Albrecht

Durchaus sachliches Minilexikon

Autoren. Siehe dazu die Hinweise auf Seite 313.

Charivari. Eigentlich „Katzenmusik“; später Synonym für „Buntes Allerlei“. Auch Titel einer französischen satirischen Zeitschrift.

Dialekthumor. Diese Gattung wurde wegen ihres sehr speziellen Charakters und wegen ihrer oft geographisch nur begrenzten Wirksamkeit nicht aufgenommen. Sie müßte Anliegen einer andersgearteten Sammlung sein, für die die Sporen noch zu verdienen sind.

Dosierung. Eine Verfahrensweise, die beim Genuß dieses Buches nie außer acht gelassen werden sollte – ganz gleich, ob der Genuß laut (durch Vorlesen in geselliger Runde) oder leise (durch Lesen in einsamer Stunde) erfolgt. Starke Genußmittel, in Mengen zu sich genommen, können zu Verdauungsschwierigkeiten führen; es kann einem schlecht davon werden, und dann hat der ganze Spaß ein Ende. Das Lachen über dieses Buch wird man wochenlang genießen können, wenn man seinen Verbrauch vernünftig dosiert.

Klapphornverse. Das „Klappenhorn“ war eine kurze, seinerzeit sehr bekannte Trompete; sie spielte in einem Vierzeiler eine Rolle, den die „Fliegenden Blätter“ im Jahre 1878 – wahrscheinlich als ein Beispiel unfreiwilliger Komik – abdruckten. Dieses in vieler Hinsicht merkwürdige Versgebilde (das auch in unserer Sammlung an erster Stelle der betreffenden Gruppe steht) löste eine Flut von Nachahmungen aus, die Jahrzehnte hindurch anhielt. Dabei wurden aus den zwei Knaben später noch andere Personenpaare; in jedem Falle geschahen mit ihnen gar seltsame, groteske Dinge. Der Klapphornvers gehört, obwohl heute fast vergessen, zu den klassischen Formen deutscher Ulkdichtung.

Knüpflieder. Eine alte Masche wird wieder aufgenommen: Im Refrain werden jeweils alle Verszeilen der vorhergehenden Fassung wiederholt, und eine weitere wird darangeknüpft. Oft macht der Autor selbst einen gewaltsamen Schluß, um den Faden nicht endlos weiterzuknüpfen.

Leberreime. Lassen sich bereits zu Ende des 16. Jahrhunderts nachweisen und entstanden vermutlich als improvisierte Tisch- und Trinksprüche. Die stets gleichbleibende erste Zeile war der Aufhänger, manchen geselligen Ulk, aber auch sinnvolle, gelegentlich sogar zeitsatirische Weisheiten an den Mann zu bringen. Die Leber dürfte deshalb als Ausgangspunkt gewählt worden sein, weil sie nach antiker Deutung als Geburtsstätte des Blutes das wichtigste innere Organ ist. Der Hecht, also das Fischgericht, läßt auf die Entstehungsgelegenheit dieser bis zum Beginn unsres Jahrhunderts sehr beliebten Form schließen. Die Leberreime errangen im Laufe der Zeit auch literarische Geltung.

Limericks. Ein Unsinn, der Methode hat: er ist nach einem ganz bestimmten Schema aufgebaut und unterliegt strengen Reim- und Rhythmusgesetzen. Für die Beispiele in unserem Buch haben wir freilich nicht immer solch orthodoxe Regeln walten lassen. Der Inhalt der Limericks ist meist mit geradezu surrealistischem Witz durchsetzt: Unmögliches geschieht, Absurdes wird miteinander in Beziehung gesetzt, Unsinniges wird zur scheinbaren Logik erhoben. Die Limericks wurden Anfang des 19. Jahrhunderts geboren und sind seitdem nicht totzukriegen. Sie kommen aus England (ihr Meister, aber nicht Vater, war Edward Lear, 1812–1888) und erhielten ihren Namen von dem irischen Städtchen Limerick, das wiederum für den englischen Vorläufer der Limericks den Kehrreim geliefert hatte: „Will you come up to Limerick!“

Lügendichtung. Nicht nur Tummelplatz überschäumender Phantasie, sondern auch das Vergnügen, den Leser zu verwirren und sein Urteilsvermögen auf die Probe zu stellen. Lügendichtung gibt es bei allen Völkern. Sie ist meist kindlichen Ursprungs – ein Spiel, eine erste Übung der Vorstellungskraft, und sie kann der erste Keim der Kunst sein. Die Lügengeschichten, zu denen auch die gereimten gehören, sind fast ausschließlich im Volk geprägt worden, bevor sie gedruckte Gestalt annahmen. Beispiele für diesen „Spieltrieb des Geistes" enthalten die Gruppen „Schwindelpräparate" und „Phantasiefabrikate".

Moritaten. In diesem Genre – zu dem die „Ulkballaden", die „Schauerlegenden" und die „Herz-Schmerz-Romanzen" zählen – ist oft nicht mehr feststellbar, was als echte, im Volksmund verwurzelte und auf Märkten vorgetragene Moritat bezeichnet werden kann und was eine „künstliche" Schöpfung ist. Die Grenzen verwischen, übrigens auch in der literarischen Qualität, und gerade für unser Buch war eine Unterscheidung bei den alten Texten auch nicht notwendig. Bis auf den heutigen Tag haben die blutdürstigen, dramatischen oder rührseligen Balladen nicht ihren Reiz verloren. Auch junge Autoren wenden sich ihnen immer wieder zu, wobei es ihnen verständlicherweise kaum gelingt, die Primitivität und Einfalt der Modelle zu erreichen.

Orthographie. Ältere Texte wurden, der Einheitlichkeit wegen, in Rechtschreibung und Interpunktion den neuesten Gepflogenheiten angepaßt.

Parodien. Von diesem integrierenden Bestandteil der Scherzdichtung wurden hier (in der Gruppe „Imitationen") vorwiegend solche Beispiele ausgewählt, die wirklich um des Ulkes willen geschrieben wurden, ohne immer literarischen Anspruch zu erheben. Da sie aber gerade wegen dieses – vermeintlichen! – Mankos in speziellen Anthologien meist unberücksichtigt bleiben und daher auf ewig in Vergessenheit geraten könnten, hielt es der Herausgeber für legitim, ihnen einen gebührenden Platz einzuräumen.

Reimspäße. Sie sind – zwangsläufig – nicht nur in jener Gruppe des Buches enthalten, die diese Überschrift trägt, sondern auch innerhalb andersgenannter Kapitel verstreut. (Wie ja überhaupt Überschneidungen in der Einordnung der Beiträge vielfach unvermeidbar waren.) Zu den Reimspäßen gehören solche Spielarten wie: Doppelreime, Echoreime, Schlagreime, Binnenreime, Kettenreime ... Sie jedoch einzeln zu erläutern würde dieses Buch, das ja der heiteren Unterhaltung dienen soll, mit zuviel „wissenschaftlichem Ballast" füllen. Solche und ähnliche Begriffe bedürfen auch meist nicht der Erklärung; der aufmerksame Interessent wird ihre Eigenheiten an den Texten selbst erkennen.

Schüttelreime. Wohl die bekannteste Kategorie der Reimspäße. Die Anfangsbuchstaben eines erweiterten oder doppelten Reims werden miteinander vertauscht. Das kann mit einem, aber auch mit mehreren ersten Buchstaben erfolgen. Es wird also „über Kreuz gereimt". Der akustische, aber auch der inhaltliche Effekt ist oft verblüffend. Schon Walther von der Vogelweide hat sich an dieser lustigen Spielerei versucht. Noch bis heute finden sich die erlauchtesten Namen der Literatur unter den Verfassern; freilich wird die Form des Schüttelreims nicht immer nur zu heiterer Aussage benutzt.

Stumpfsinnverse. Sicherlich ein Erzeugnis bacchantischen Studentenulks, aber ihre Popularität drang bald über die Universitäten hinaus. Sie wurden in allen Bevölkerungsschichten zum fröhlichen Rundgesang mit dem noch heute bekannten Refrain. Die Stumpfsinnverse boten Gelegenheit, den kuriosesten „höheren Blödsinn" zu verzapfen. Die Aufnahmebereitschaft für ihn wird zweifellos gefördert, wenn der menschliche Geist vorher mit einigen Quentchen alkoholischen Geistes angereichert wird.

Unsinn. Vielleicht haben Sie schon gemerkt, daß gar nicht „alles Unsinn" ist, was in diesem Buche steht. Die Scherz- und Ulkdichtung hat – wenn auch ein Stiefkind der deutschen Muse – nicht nur eine anerkannte literaturgeschichtliche Tradition, sondern ist auch ein Stück deutscher Volkskultur. Vieles entstand im Volk; manches davon mit konkreter kritischer Absicht. Es lohnt sich, zahlreiche Beiträge daraufhin zu prüfen; sie zu erwähnen oder gar zu kommentieren, würde über das spezielle Ziel dieses Buches hinausgehen. Die Unsinnspoesie erlebte bezeichnenderweise im 19. Jahrhundert ihre Blütezeit – sie war sowohl für die heute unbekannten Verfasser aus dem Volke als auch für ihre literarischen Schöpfer vielfach eine Scheinflucht aus der geregelten und braven bürgerlichen Ordnung. Die Scherz- und Unsinnsdichtung ist nie geistlos! Geistlos ist Bierulk, und der Eulenspiegel soll den Herausgeber holen, wenn ihm einiges davon ins Manuskript geraten sein sollte.

Autorenindex

Das Verständnis für etliche Texte in dieser Anthologie wird erleichtert, wenn man den geschichtlichen und literarischen Hintergrund ihrer Entstehungszeit kennt. Deshalb wird dem Benutzer des Buches empfohlen, sich über die Lebensdaten der Autoren zu informieren.

In den wenigen Fällen, wo die Lebensdaten nicht zu ermitteln waren, wird das Jahr genannt, in dem der betreffende Beitrag publiziert wurde, oder es wird eine Schätzung der Schaffensperiode des Schriftstellers gegeben.

Wo keinerlei Daten genannt sind, handelt es sich um lebende Autoren.

Die Seitenzahlen beziehen sich stets auf den Beginn des einzelnen Beitrages. Darauf wird deshalb hingewiesen, weil sich zahlreiche Texte über mehrere Seiten erstrecken und der Verfassername jeweils erst am Schluß steht.

Die Urheber von Kurzzitaten sind in der folgenden Liste nicht mit aufgeführt.

Ein detaillierter Quellennachweis mußte aus Raumgründen entfallen, da eine ungewöhnliche Vielzahl von Publikationen herangezogen wurde. Verlag und Herausgeber danken an dieser Stelle allen Rechtsinhabern für die freundlichst erteilten Abdruckgenehmigungen. Besonderer Dank gilt jenen Autoren, die dem Herausgeber unveröffentlichte Originalbeiträge zur Verfügung stellten.

Der Verlag weist noch ausdrücklich darauf hin, daß die Weiterverwendung von Texten solcher Autoren, deren Todesjahr noch nicht fünfzig Jahre zurückliegt, der vorherigen Genehmigungspflicht unterliegt. Das gilt auch für öffentliche Vorträge, Rundfunksendungen und Pressenachdrucke.

Zu den Rechten

Für die freundliche Genehmigung zum Abdruck danken wir den Autoren sowie:

Akademie der Künste für Erich Mühsam

Aufbau-Verlag GmbH für Louis Fürnberg und Erich Weinert

Diogenes Verlag für Joachim Ringelnatz, aus: Das Gesamtwerk in sieben Bänden, © 1994 Diogenes Verlag AG Zürich

Insel Verlag für Anton Kippenberger

Paul Zsolnay Verlag, Wien für Roda Roda, aus: Das große Roda Roda Buch, © Paul Zsolnay Verlag Wien 1988

Piper Verlag GmbH für Karl Valentin, aus: Gesammelte Werke in einem Band, München 1985

Rowohlt Verlag für Kurt Tucholsky, aus: Gesammelte Werke, © 1960 by Rowohlt Verlag GmbH, Reinbek; und für Kurt Kusenberg, aus: Gesammelte Erzählungen, © 1969 by Rowohlt Verlag GmbH, Reinbek

Inventarium

ISBN 3-359-01401-4

6. Auflage dieser Ausgabe

Rosa-Luxemburg-Str. 39
10178 Berlin
Einband- und Umschlagmotiv: Rolf F. Müller
Druck und Bindung: Freiburger Graphische Betriebe